史苑拓耕

唐培吉先生口述

王 敏 整理

上海大学出版社

图书在版编目(CIP)数据

史苑拓耕：唐培吉先生口述/王敏整理. —上海：上海大学出版社,2020.7

ISBN 978 - 7 - 5671 - 3861 - 2

Ⅰ.①史… Ⅱ.①王… Ⅲ.①唐培吉－自传 Ⅳ.①K825.81

中国版本图书馆 CIP 数据核字(2020)第 086700 号

责任编辑　黄晓彦
封面设计　缪炎栩
技术编辑　金　鑫　钱宇坤

史苑拓耕
唐培吉先生口述

王　敏　整理

上海大学出版社出版发行
(上海市上大路 99 号　邮政编码 200444)
(http://www.shupress.cn　发行热线 021 - 66135112)
出版人　戴骏豪

*

江苏句容排印厂印刷　各地新华书店经销
开本 890mm×1240mm　1/32　印张 6.5　字数 163 千
2020 年 7 月第 1 版　2020 年 7 月第 1 次印刷
ISBN 978 - 7 - 5671 - 3861 - 2/K·212　定价:36.00 元

版权所有　侵权必究
如发现本书有印装质量问题请与印刷厂质量科联系
联系电话：0511-87871135

序

五一国际劳动节前夕,上海大学历史系王敏博士打电话给我,要我为她所整理的《史苑拓耕——唐培吉先生口述》一书作序,我几乎不加思索就答应了下来,并要她将文稿发我,以便学习参阅、提高认知,避免因评价不当而有损先生口述之质地。

唐培吉先生是我最为尊重的一位师长。作为后学,我有幸与先生有过一段同事的经历。我是六六届高中毕业生,1968年入伍,成为福建基地一名人民海军战士。提干后不到两年,被推荐就读于复旦大学历史系。1975年毕业后转业留校,分配在历史系中国现代史教研室任教。翌年,先生等一批马列主义教研室中国革命史教研组的教师十多人并入历史系,加盟现代史教研室。此后,大凡系室活动,先生都积极参与。他仪表堂堂、风度翩翩,特别是每每带有磁性的讲话,以严密的层次感和逻辑性,紧紧扣住听众的心弦,更使我这位来自海疆的新教员佩服得五体投地,先生自然而然就成了我心目中的偶像!1979年,复旦大学成立分院,先生被派去组建历史系,就任系主任。三年多时间的同事生涯一晃而过,但先生的强大气场给我留下了挥之不去的深刻印记。

从20世纪80年代开始,我在复旦大学历史系主讲中国现代史等课程时,先生在学界已经名声鹊起。他参与撰写的几部著作如《中共党史大事年表》《〈关于建国以来党的若干历史问题的决议〉注释本》《中共党史事件人物录》等,就成了我备课及攻读硕士学位的案头参考书。1985年他所主编的《中国抗日战争史稿》(上下册)问世,更让我得益匪浅,获得了从抗战史ABC的学习到进入抗战史研究领域的飞跃。这部一百多万字的鸿篇巨制,在国内研究抗日战争史通史类著作中莅于首席,他也因此而成为中国抗战史研究第一人,并在中共党史特别是抗日战争史研究领域奠定了大师级人物的基础。而后,唐先生以一发不可收拾的势头,不懈耕耘、努力攀登,在创新和超越之中,取得了丰硕成果,凸显其独特的学术智慧。

先生又是我参与上海市社联学会工作的引路人。虽然我是"文革"后恢复的上海市历史学会和新成立的党史学会、新四军历史研究会的最早会员之一,但到1987年,我被特招到上海空军政治学院,这是我第二次入伍。从海军到空军,以后学校转隶总政治部,我又穿上了陆军军服,从戎三军,我致力于军校的军事历史与军事史学的研究,与上海市社联学会工作渐趋疏远。直至20世纪90年代中叶,随着军地合作的加强,上海社会科学界五路大军的联系越来越广泛全面。当时,我正主编一份军事类综合性学术刊物——《军事历史研究》,并承担军事学硕博研究生的带教,工作相当繁忙。但在先生的鼓动下,我参加了党史学会活动,并接替中共上海市委党校教务长朱华教授担任的秘书长一职。1998年,我以党史学会秘书长的身份,参加上海市社联第五届委员会全体会议,并被推选为常务委员会委员。2002年10月上旬,在先生的竭力推荐下,我接替先生担任第七届上海市党史学会会长,先生为名誉会长。之后,我连任第八、第九届学会会长,共三届历时13年另8个月之久。由于先生教诲有方,我也能够萧规曹随,学会大事均向先生讨教,在先生强有力的关心、支持下,学会每年都被评为社联优秀学会。2012年下半年,党史学会还被评为市级优秀社团,我代表学会在上海市第八次哲学社会科学学术团体工作会议上作《加强学会建设,推进学会发展》的发言。这些成绩的取得,离不开先生的鼎力相助和潜心指导!2016年5月下旬,学会召开第十届换届大会,上海大学原党委副书记、博士生导师忻平教授接任会长,先生与我都随了心愿,并都被聘为学会名誉会长。至于我参加上海市新四军历史研究会的活动,并先后就任副会长兼学术委员会主任、常务副会长等职,也是在先生的引荐下实现的。

十年前,党史学会为庆贺先生80岁华诞,编纂了《史苑拓耕——唐培吉学术论文集》,由上海辞书出版社出版。我与学会副会长兼秘书长、华东师范大学唐莲英教授为该书作序。为惜史存墨,我把当年序文中的几段话摘录如下:

> 《史苑拓耕》除见长于内容丰厚、史料详实、观点鲜明、视角独特等特点外,本人以为最具代表性的特点就体现在"拓耕"两个字上。
>
> 所谓"拓耕",关键在于敢为天下先。综观唐先生的学术成果,诸多篇目均列于同类之首。如上文所述的《中国抗日战争史稿》(上下册)、《两次国共合作史稿》《中国近现代对外关系史》、"上海抗日战争史研究丛书"等,在同类著述中名列前茅,为同行之先。
>
> 所谓"拓耕",核心在于敢为天下新。创新是学术研究的不竭源泉。唐先生参与学术研究活动,始终致力于新学科的开拓,被学术界传为佳话。他在《上海学研究的若干问题》一文中,首次提出要建立"上海学",呼吁学界关注。他在《延安学刍议》《延安学的核心内容——群众路线》等文中,首次提倡"延安学",为"延安学"的问世揭开了序幕。在他《犹太学刍议》《犹太学研究发展的轨迹》等文中,又倡导"犹太学"。他接二连三地思考新学科的建设,既体现了他可贵的学术创新精神,又展示了他坚定的使命意识。
>
> 所谓"拓耕",重要的还在于敢为天下争。作为学术界的大家巨擘,唐先生不拘泥于现成的结论,不重复于前人的定

律,而是敢于思考、勇于争辩,旨在复原历史的本来面目、探索客观的发展轨迹。他在《井冈山道路与马克思主义中国化》《国共合作与抗日战争》《社会主义改造的再认识》等文中,对诸多传统说法给予新的判定,有根有据、入木三分,令人折服。

时间如流水,弹指一挥间,一晃十年过去了。2020年是先生90岁华诞,在这个特殊的日子里,《史苑拓耕——唐培吉先生口述》即将由上海大学出版社隆重推出。一部"史苑拓耕",前有论文集,现有口述篇,相得益彰,基本上可以反映先生的学术经历、学术成果和学术贡献。回望十年前对先生"拓耕"的解读,深感认知之不足;今读"口述篇",却见先生拓耕之"史苑",更觉内涵之厚重!

唐代《史通》作者刘知几有一段脍炙人口的名言:"史有三长:才、学、识;世罕兼之,故史才少。夫愚贾操金,不能殖货;有才无学,犹巧匠无梗楠斧斤,弗能成宝。善恶必书,使骄君贼臣知惧,此为无可加者。"刘知几所说的"才",指的是治史之人对于历史研究成果的表达水平;"学",指的是治史之人所应当掌握的知识;"识"指的是见识,即治史之人对于历史知识的认识能力;而"善恶必书",则包含了治史之人应当具备的史德。重视史才、史学、史识、史德,是治史之人的优良传统和基本素养。然而,能够集"四史"于一体者可谓"世罕兼之",而先生做到了。这方面,先生称得上是当代治史之人中的一面标杆。先生也认为:"中国修史传统渊源深远,有着世界上最为完备的修史制度和优良史风,史家具有治学严谨、锲而不舍、博大精深、秉笔直书的学风,重视史才、史学、史识、史德。这也是我做历史研究追求的境界。"

先生之史才,世人有目共睹。先生何以如此感叹"人间正道是沧桑"?是自身经历之使然!他出生于半殖民地半封建的旧中国,成长于战乱的年代和火红的岁月。他的治史之道,是在历尽社会动荡、政治运动和行政管理等场景变迁,经过艰辛的磨砺,依靠锲而不舍的努力和不懈的奋斗,在自我选择中逐步铸就的。自20世纪80年代以来,先生不辞劳苦,勤劳耕耘,在事无巨细的繁忙工作中挤时间,在筚路蓝缕的艰苦创业中打基础,终于厚积薄发,经过40年的精耕细作,取得了学术研究的丰硕成果:他撰写的论著共达130种以上,约800万字。"这些成果大致可以归为中共党史(中国革命史)、抗战史、新四军军史、中外关系史、犹太学、延安学和上海学等学科或研究领域",足见先生在史学领域不仅具有博大精深之功底,更具有触类旁通之能力。先生之史才,也得到了实实在在的彰显。

先生之史学和史识,当然体现于丰厚的学术成果,但更为重要的还体现在其学术思想和研究水平上。先生的许多真知灼见,实为治史之人必要之遵循。先生认为:"历史研究要建立在史料基础上,搜集史料要找尽可能发掘的原始资料,并通过考证核实,使之翔实确凿,有根有据。"他指出:"历史研究要有哲学思维,应有唯物主义观点,对历史要实事求是,回归历史的本来面貌;要有历史唯物主义观点,认识到历史是由诸种因素合力而形成发展的,看问题要求全面,不能失之偏颇;要从生产力与生产关系、经济基础与上层建筑的矛盾运动是推动社会发展的基本矛盾,来研判社会的进退与发展;摆正社会活动中群众、政党、领袖的三者关系,正确处理个人在历史上的地位与作用等;要有辩证法,要看到事物的两面性或多重性,要看到事物会从量变到质变,要看到事物的对立与统一的辩证关系,不然就会形而上学、片面地看问题。"他强调,治史之人"更要独立思考,要出观点,做到论从史出,既不可以论带史,亦不是史料堆砌;撰写文字只重平直朴素,不求词藻华丽;要注意和掌握好学术研究和宣传教育的差别,学术研究可百家争鸣,宣传教育按政策规定。"先生的治史之论,政治导向和问题意识极其鲜明,史学、史识智慧之光闪烁其字里行间,质朴但深邃,实为治史之金玉良言!

先生之史德,是学界公认的。按照刘知几的标准,史德则为"善恶必书",这显然是狭义之史德。这方面,先生是不折不扣地做到了。先生研究历史,历来强调实事求是。识信史、辨伪史,写真史,实事求是地将历史事实放在社会发展的大背景下加以考察,在历史的陈述中总结历史的教训,探求历史的规律。既不人云亦云,更不东拼西抄,诚如古人所言,以水济水,岂是学问?德务于真,先生之史论和史述,是为真史之史,无假言之说。但"文如其人",我所评价的史德还在于先生的道德风范和人格品位,特别是为社会文化进步所作出的示范功能。他多次明确表示:"我做历史研究的目的是学史、修身、资政、育人。"只因为如此,先生也获得了不少学术方面的荣誉,他主编的"社会科学争鸣大系·历史学卷·党史篇"(上海人民出版社1991年版)、"毛泽东思想研究大系·政治卷"(上海人民出版社1993年版)、"上海抗日战争史丛书"10卷本(上海人民出版社2001年版)等丛书分别获上海市哲学社会科学优秀成果(1986—1993年)(1986—1993年)(2000—2001年)著作类一等奖。2017年,先生获得上海市马克思主义理论教育与研究终身荣誉奖。

先生的座右铭是"求救国救民的真理,做爱国爱民的实事"。他一身正气、两袖清风;教书育人,诲人不倦;胸怀坦荡,无私无畏;淡泊名利,宁静致远;治学严谨,锲而不舍;坚信马列,矢志不渝。古人云:学高为师,德高为范。作为后学,我不仅仰慕他有过多少传世之作,培育过多少作为他"生命的回响"的莘莘学子,更仰慕他身体力行的道德文章。祝愿先生学术之树常青,笑口常开,福如东海长流水,寿比南山不老松。

是为序。

张 云

庚子年五一国际劳动节于五角场寓所

目 录

上篇　人间正道是沧桑

一、我的父亲、市北公学的创办人唐乃康 ………………… 3
二、我的家庭和我的童年与青少年时代 ………………… 10
三、参加革命(1949—1950年) ………………… 17
四、考入复旦大学(1950—1952年) ………………… 19
五、参与组建华东政法学院(1952—1958年) ………………… 22
六、"三天革个命":在上海社会科学院历史研究所
　　(1958—1961年) ………………… 28
七、调入中共中央华东局宣传部工作(1961—1973年) ……… 33
八、回母校复旦大学当教师(1973—1979年) ………………… 39
九、复旦大学分校和上海大学时期(1979—1989年) ………… 41
十、最后的归宿:同济大学(1989—1996年) ………………… 57
十一、学会工作(1988年至今) ………………… 64

下篇　史苑拓耕

概述 ………………… 79
一、中共党史(中国革命史)研究 ………………… 81
二、抗日战争史研究 ………………… 136
三、新四军军史研究 ………………… 154
四、中国现代史研究 ………………… 167

五、近现代中外关系史研究 ················ 169
六、开拓上海学、延安学与犹太学研究 ·········· 174

附录：唐培吉先生著述目录 ················ 181
　　著作及主编、参编教科书、工具书 ··········· 181
　　论文、文章 ······················ 182

后记 ·························· 189

⟨上篇⟩

人间正道是沧桑

一、我的父亲、市北公学的创办人唐乃康

1930年6月29日,我出生在上海。我的父亲是唐乃康(1888—1949),又名公英,字伯耆。我出生时,父亲担任大上海特别市财政局局长。

父亲出生在浙江湖州,祖上是湖州当地的士绅,兼营一些商业,是当地一个大姓人家。

因家境比较好,父亲来到上海读书,考入复旦公学(父亲入复旦公学读书的具体时间,父亲未同我讲过,我也不清楚。如有早期复旦大学的档案,应该可以查到),读的是法律专业。毕业后,进入浙江高等学堂工作。

父亲是一名爱国的热血青年,接受了革命思想,成为孙中山的追随者。1912年,随陈其美①来上海,担任上海都督府秘书。陈其美也是湖州人,因此他们同乡。父亲参加过讨袁和二次革命。自1915起(时年27岁),在上海闸北创办了市北公学,并担任校长。

国民革命兴起后,父亲担任国民革命军总司令部参事,他的主要任务是在上海为北伐军筹备军饷。随着国民革命的发展,南京国民政府成立后(1927年6月起),父亲任浙江德清县县长兼浙江全省戒严司令部法官、国民革命军第26军司令部秘书。1928年,

---

① 陈其美(1878—1916),字英士,号无为,浙江湖州吴兴人,中国近代民主革命家、中国同盟会元老。在辛亥革命时期与黄兴同为孙中山的左右股肱。1916年,被袁世凯派人暗杀。

担任市北公学校长时期的唐乃康

君耆伯唐長校

调任国民政府财政部浙江省烟酒税局局长;1929年起任南京特别市财政局局长;1930年调任上海特别市政府参事,兼上海市财政局局长、上海市劳资仲裁委员会委员;1932年调任国民政府内政部总务司司长;1935年任审计部第三厅厅长;1936年任交通部监察委员;1937年4月辞职。

从父亲在南京国民政府任职的变化可以看出,他逐渐被边缘化。据我猜测,可能是因为他对国民党上层日益向右转有所不满,且人比较率直,上司对他不满意。退出政界后,父亲一直在教育界和商界做事,不再涉足政治,后来当我对社会不满要求进步的一些言行,他没有反对干涉,似乎是默认的态度;我入党时组织上找我谈话,亦讲到父亲不反动,似乎还是个开明人士。1949年中国人民政治协商会议曾邀请父亲到北京开会,父亲因病重,乃派大女婿王汝霖(时为上海交通大学讲师)参加,会后王汝霖即调到北京工作,后为中国石油化工研究所总工程师。据我所知,父亲跟同样是湖州人的陈立夫、陈果夫关系不怎么样,他肯定没有加入CC系。我感觉他同国民党政学系的关系似乎更近一些。我父亲同CC派的干将、时任上海市社会局局长的潘公展也不大来往。潘公展也

担任上海市财政局局长时期的唐乃康

是湖州人,是我的姑父,但是我的印象中,我们家里同这个姑父的交往也不多,只有逢年过节的时候,两家会互派人拜个年,平常来往很少。我1986年去美国纽约市立大学讲学时,通过唐德刚介绍,见过潘公展的儿子和湖州大商人章荣初的儿子,他们那时都住在新泽西州,互相有往来。

父亲离开政界后,于1941年与人合开振业商业储蓄银行(位于宁波路315号)。这家银行规模不大,在当时并不是很有名。1948年,父亲生病,银行就转给他人经营了。1949年冬,父亲病故。

父亲去世后,我的这个大家庭也就散了。大家庭就是这样的,有主心骨在,还能撑着,主心骨不在,就树倒猢狲散了。父亲的几房太太中有的也走掉了,孩子们也各自找出路。但是对我没有影响,因为那时我已经不在家里了,正在浙江衢州政府部门工作。这个我后面还会讲到。

父亲早年追随孙中山参加革命,后来又参加国民革命,南京国民政府时期又在国民政府中担任过比较高的官职,也算是国民党中比较有资历的人。但是,我觉得他的一生最大的成就同时也用

5

心最多的是办教育。虽然父亲后来在南京国民政府任职,但他一直都担任上海市北公学的校长,直到全面抗战爆发,市北公学交给上海市政府,变为公立学校。

父亲一直坚持办教育,这应该主要同他的反帝爱国和教育救国思想有关。他认为"教育关系国家之命脉。今日之中国,欲求国势昌盛,事业发展,尤非提倡教育不为功……国内教育,苟日臻发达,则他日之为工、为农、为商,以及任何一种职业,必尽为具有学问之人,对外则一心一德抵御列强,对内则群策群力以巩固国本,中国前途之发皇,自不难操左券"。他的办学目标是"国人自办学校以育国人"。他说:"即收回租界上的教育权是也。盖欲抵御外人之腐化侵略,正与抵御其经济侵略相似。关于经济侵略的抵御,在消极方面,则为不购外货;在积极方面,则为振兴国货。以此类推,则使上海青年不入外人所设的学校,尚是消极的方法;必使租界以内,发展国人自设之学校,始足称积极的方法。"或谓:"兹事体大,又岂区区一校所能负荷?""要知租界内,苟多一国人自设之学校,即可减少外人文化之侵略若干力量。换言之,苟多培植一具有国性之人民,即可减少一崇拜帝国主义的走狗。"

在上述思想指导下,父亲千方百计集资筹办"国人自设之学校"。鉴于上海市北一带缺乏国人自办学校,因此于1915年(时年27岁)自己筹资在界路(今天目东路)庆长里租赁两间房屋创办了上海市北公学。8月15日,学校正式设立,当时仅有教师五六人,学生三四十人,创业不易。第二年,邀请李登辉①、王一亭②、

---

① 李登辉(1872—1947),字腾飞,福建同安人,生于印尼华侨家庭。近代著名教育家,复旦大学原校长(1913—1946)。
② 王一亭(1867—1938),祖籍浙江安吉,生于江苏南汇。名震,字一亭。14岁辍学经商,曾任日清轮船公司买办,并投资实业。晚年信佛,并热心慈善事业。

钱新之①等社会名流组成校董会,学生也开始增加,并开始划分为男女两部。1917年,又从上海公共租界工部局借得一块空地,开辟成学校操场。在初创数年中,学校诸般事宜均由他一手操办,就连办学章程、图表、会议记录、募捐启事、收支账册、函稿等,统统由他一人经手。至1921年,学生已增至500余人,校舍不敷用,父亲便想方设法募集资金。校董简照南②、王一亭、钱新之等亦各认巨款。当时,父亲在还在南洋烟草公司广告科兼职,因其工作出色,总经理简照南奖励父亲两万元,父亲不接受,简就问父亲:"奖金你不要,那想要什么呢?"父亲回答说:"我想办中学。"简照南就将两万元拨给学校作为办学资金,还另拨南洋烟草公司股金1000股给父亲作为学校基本金。这一年,父亲扩建校舍,在永兴路置地5亩8分,先后增设初中部和高中部(此前的市北公学主要是小学)。

关于办教育的指导思想,父亲主张:"教诲学子,首在葆其天真,导之正规,以道德为规范,以学业为事功。虽一切设施力求新颖,而流弊所在,心先事革除,此所谓'适应时势之潮流,而不为潮流所激荡'者也。"在他主持下,学校制定了章程、校训、规章制度,规划了学校需要开设的课程。学校的校训为"勤""恕""勇"。"勤"以立身,立身须革命化平民化;"恕"以爱人,爱人须国体化纪律化;"勇"以治事,治事须科学化艺术化。他认为要从体、智、德三方面加强对学生的训练。他还注意照顾贫寒学生,设有"学费减免生"和"义务生",这类学生约占全校学生的三分之一。当时学校"学风纯正,学科切实","教授认真,训管严密",为社会所推

---

① 钱新之(1885—1958),祖籍浙江吴兴,生于上海。名永铭,号新之。早年赴日留学,学习财经、银行学。1919年起,任交通银行上海分行经理。1927年以后,曾任南京国民政府财政次长。1929年弃政从商,历任中兴煤矿公司经理等职,并长期担任中华职业教育社董事长。
② 简照南(1870—1923),广东南海人。名耀登,字肇章,号照南。曾在香港、日本经商。1904年,与弟简玉阶等在香港创设南洋兄弟烟草公司。1915年在上海设立分厂,后上海分厂变为总厂,发展迅速。简氏兄弟成为著名的民族卷烟业资本家。

> 上海市北公学唐君伯耆所创办，教科重实用，训育重自治，倚此为力行，必见大效。令刊行历年校务概况书此以觇其后。
>
> 黄炎培

黄炎培为市北公学题字

许，得到学生称赞和依赖，学校不断发展，校誉日著，学生增至千余人，教职员40余人。1929年改名为"上海市北中学暨附属小学"，分男子部和女子部。孙中山先生曾于1920年为市北公学题字"作育人材"。蔡元培先生为市北公学题字"诲人不倦"。父亲办学为社会推举，与当时创办湖州旅沪公学和南洋女子师范学校的凌铭之齐名，时有"路南凌铭之，路北唐伯耆"之说。这是市北公学的全盛时期。

但是1932年"一·二八"淞沪抗战爆发，日军狂轰滥炸，市北公学的校舍和设施化为灰烬，损失20万元之巨。父亲悲愤欲绝，但仍决心复兴学校。他立即向亲友借债，在今康定路租赁房屋作临时校舍，于4月8日复学，学生陆续归来者达700余人。同时4月复兴建校时改名为市北中学。由于校舍过于简陋，因此决心在永兴路原址重建校舍。1933年，成立市北中学"复兴设计委员会"，聘请各界人士，制定五年计划，恢复旧观。父亲在成立大会上慷慨陈词："乃康誓以热血赤诚，任为前驱，赴汤蹈火，所不敢辞,知我罪我,非所计焉。"可筹款艰难,父亲不得不找好友——交通银行行长钱新之,请求帮助。钱为父亲办教育的热忱所感动,乃出面邀请上海小"四行"行长,即盐业、金城、中南、大陆银行行长商议,由"四行储蓄会"贷了一笔巨款,终于在永兴路旧址重建新校。1933年,新校舍落成,四散学生纷纷归来,学校编印了《上海市北中学复兴纪念册》,父亲在发刊词中抒发了无比激动和喜悦之情。越过三年,学校终因巨额贷款负债甚多,经费难支,乃于1937年将全部校产上交给上海市教育局,学校从此由私立改为公立,成为闸北第一所也是唯一的一所市立完全中学。

自1915年至1937年的20多年间,父亲把大量的心血花在教育上,虽无大成,但亦可见其为"教育救国"而贡献了自己的一份力量。1949年6月22日,市北中学由上海市人民政府接管。1954年,学校被定为市重点中学。

二、我的家庭和我的童年与青少年时代

我出生在一个大家庭中。这个大家庭就如同巴金的《家》《春》《秋》里描写的那个大家庭一样。我是父亲的第六个儿子,我的母亲是父亲的第三房太太。

父亲的原配夫人是湖州人,似乎身体不太好。他们婚后生了两个孩子,但是都夭折了。中国人非常重视后代,所谓"不孝有三,无后为大"。于是父亲就又娶了第二房太太。二房太太是浙江平湖人。这位太太一连生了六个孩子。父亲在娶了二房太太之后,又连续娶了几房太太。我的母亲是第三房太太。

我的母亲是苏州人,嫁给父亲时只有16岁。母亲生得很美丽,当时还是个中学生。嫁给父亲,她是不情愿的,主要是外祖父做主。可能是因为心情抑郁,在怀我的时候,母亲得了肺病,只好住进了医院。此后一直到我6岁时母亲去世,她都是住在医院里的。母亲因为生病,在怀孕六个月时,因胎位不正可能导致婴儿窒息,就剖宫产把我取出。当时是打算保住大人的,根本没想到我能活下来。

父亲在娶了我母亲之后,又娶了第四房太太、第五房太太,并且还有外室。每位太太还有亲戚,也都住在我们家里。我父亲兄弟三个,父亲是老大,因此,我还有两位叔叔,其中三叔在铁路上工作,流动性大。三叔共有五个孩子,因为居无定所,于是三叔也把自己的五个子女中的三个都寄养在我父亲家里。此外,家里还有佣人、保姆。因此,我们的家庭人很多,总有三四十口人。再加上父亲办了一个"康社",一些朋友两三天在我家聚会一次,又是打扑克,又是搓麻将,还要吃饭。每次吃饭时,要开好几桌,光小孩子就要两桌。这是一个非常热闹的大家庭。父亲有时亦带我去各种场合,如大户人家的婚庆丧葬、南京国民政府的宴会、上海青帮老头子七十大寿的庆祝活动、大型"派对"等,使我见识到当时社会上的各种场面,有隆重严肃的,有奢侈豪华的,有场面大气大势的,有纸醉金迷灯红酒绿的,增加了我的社会阅历。这些场合与社会劳动阶层的贫困,形成了巨大的反差,真是朱门酒肉臭,路有冻死骨!这就是旧社会的深刻又现实的写照。这种社会现象对我的思想很有触动,让我深深感知到社会贫富不均、不平等、不公平的黑暗面。

我们家一直住在法租界,起初住在辣斐德路辣斐坊①。辣斐坊是石库门房子,在当时很有名。后来搬到陶尔斐司路(今南昌路)。在陶尔斐司路时,我记得家里住的是一幢房子,上下三层共有 12 间、一个大阳台。家里有一部汽车,还有一部黄包车(后换成三轮车)。汽车是父亲乘的。我因为小,身体又不好,因此上学和放学时由这部三轮车接送。

当时上海有两个租界:一个是公共租界,很多公司、银行、商店、酒家都开设在那里,娱乐场所亦大多在英租界;还有一个是法租界。法租界的情况跟公共租界不同,法租界虽然亦有公司、商店与娱乐场所,但住宅较多,因而环境比较清洁安静。且英租界和法租界在行政管理上亦有差异,英租界管理比较严,法租界相对宽松些。所以在上海经济条件较好的人,大都选择在法租界居住。日本人占领法租界之后,管理也很宽松。但是日本在虹口一带(苏州河以北)的管理同法租界不一样,控制比较严。

我出生后一直由奶妈喂养,而母亲住在医院里,我只是偶尔由奶妈带着去医院看母亲。在我 6 岁时,母亲就去世了。母亲去世

---

① 位于今复兴中路 553 弄。1927 年建,1949 年以后改名复兴坊。

时,我年纪很小,因此我几乎不记得母亲的样子,脑海里亦没有什么深刻的记忆。

这个大家庭虽然热闹,但是我在这个大家庭中却非常孤单寂寞,就像一只孤雁,并不感觉到温暖。家里的小孩很多,但是都是父亲其他太太生的,他们喜欢一起玩,我也不大跟他们在一起。我从小体弱多病,特别是受母亲传染,一直生肺病。母亲去世后,我曾被几房太太轮流带过,后来是大太太带我,但都不怎么管我。父亲虽然对我比较关心,可是他实在太忙了,能同我见面的时间不多。这样的环境也使我对大家庭产生了不满,养成了独来独往的性格。我常常一个人活动,有时到离家步行只有10分钟左右路程的法国公园(今复兴公园)去散心。那时,公共租界工部局乐队常常在法国公学的草坪上演出,而法国公学和法国公园紧挨着,只有一个铁丝网隔开,坐在公园里,就可以听到乐队的演出。我经常坐在那里听音乐,我喜欢音乐,就是从那时候开始的,还学了钢琴、小提琴以及口琴等乐器。我有时也会看电影,但我更多的是看书。那时候什么书都看,从《蜀山剑侠传》《十二金钱镖》等武侠小说至《少年维特的烦恼》《约翰·克利斯朵夫》,后来又看些苏联作家如屠格涅夫、车尔尼雪夫斯基以及高尔基等的作品。当然也会到书店逛逛。就是因为多看书,我很早就近视眼了,读初中的时候就戴眼镜了。

由于喜欢看书,所以经常逛书店。在迈尔西爱路(今茂名路)上的一家书店里能看到《时代日报》。《时代日报》是苏联在上海出版的中文报纸,记得不是很大的开面,应该是16开的。一般四页,最多八页。内容主要是关于苏联反法西斯战争的情况,但报上的内容不涉及日本和日本人。我常去这家书店,只要看到,就会买来读。但这个报纸也不是每天都有的。通过这些报纸,我开始知道世界上还有个社会主义国家苏联,这个国家正在同德、意法西斯国家作战,因此对苏联非常向往,就这样,我成了《时代日报》的忠实读者。到了解放战争时期,在这些书店里看到《民主》《文萃》

《观察》等进步刊物。这些报刊对当时上海的青年有比较大的影响。这家书店还组织读者看电影,我记得我曾到现襄阳路的东正教大教堂里面看过《斯大林格勒大战》的电影,印象很深。

因为我时常去这些书店,跟店里的人也熟悉起来,他们开始在卖给我的书报中夹带《新华日报》,后来甚至还卖给我《大众哲学》(艾思奇著)和《中国革命与中国共产党》《新民主主义论》等小册子。这些书对我的思想有很大影响,我开始倾向进步,认为自己找到了救国救民的真理,相信共产党,并积极参加学生运动。

1941年日本人全面占领租界以后,我有一段时间不去学校念书,父亲请了两个家庭教师到家里来教我们。那时上海法租界的情形比较特别,当时法国政府投降后已经建立起亲德的维希政府,因此,日本人在法租界的统治就比较宽松,要求中国人见到他们要鞠躬、不鞠躬就打人这样的事情不大发生。但是在其他地方不一样,比如在虹口,日本人的管理就非常严。因此,家里人不允许我们到法租界以外的地方去,特别是过外滩外白渡桥那里,绝对不允许我们去,担心不安全。

我的小学主要在家里附近的学校就读。因为身体不好,经常请病假,考试有时会考不出,学校就要求我留级,我不肯留级,因此就换学校。我先后换了几个小学。先在务本中学附小,后来又在环龙小学就读,最后是从明德女中附小毕业。这些学校在离我家很近的陶尔斐司路、环龙路、霞飞路。我初中读的是震旦大学附中(现为交通大学医学院一部分),在吕班路(今重庆南路),是法国教会办的天主教学校。在震旦大学附中就读时学的是法语。我的班主任是很有名的天主教神父龚品梅[①]。他很严肃,是个虔诚的教徒,对学生的要求很严格。他一直盯着我,要我加入天主教。每

---

① 龚品梅(1901—2000),又名龚天爵,圣名依纳爵,江苏唐墓桥人(今上海唐镇),曾兼任上海苏州及南京三教区主教,上海教区首任国籍主教。

到周一，无论是入教还是没入教的学生，都被要求去做弥撒。我有时不肯参加。我对入教不感兴趣。有一次跟同学抱怨，还被龚品梅听到了。为了逃避入教，我后来又换了个学校，进入位于法租界辣斐德路贝勒路口（今复兴中路黄陂南路口）的大同大学附中念高中，跳过了念初三。当时大同大学附中有两个，一个是在辣斐德路，距离我家比较近，过几条马路就到了。还有一个在新闸路，同大同大学在一起。在大同大学附中开设的数学、地理、历史课都是用英语教授的，教学要求是较严格的，我们对教师还是很尊敬的，直至前几年，我们中学的同学还一起到地理、历史教师方季石先生家中进行拜望。但是对教日语的教师就不一样了，他讲课，同学们几乎不听，各自做小动作，考试亦胡乱写一通交卷。这个教日语的教师亦很"识相"，上课时学生听不听亦不管，就自己"自说自话"，改考卷亦是稀里糊涂都过了。因为我们上日语课的时候已经是1945年了，世界反法西斯战争胜利的大局基本已定。大势所趋，你一个日语教师又能怎样?!

在大同大学附中的时候（1945年起），我开始参加一些学生活动，参与办墙报和班刊。那时的班刊是用钢笔写的。也和同学一起阅读进步书刊。我家里比较宽敞，因此有时还邀请一些同学到我家里来学习讨论。我父亲是知道我参加这些活动的，但并不阻拦我。我也参加学生运动，印象比较深的是1946年6月的学生反内战运动。6月20日，大同大学学生自治会召开代表大会，议决成立"大同反内战委员会"，并决定停课7天。21日，召开全校学生反内战大会。此事被上海市政府知道了，时任上海市市长的吴国桢带了军警，前来大同大学阻止，军警把学校包围起来。

在大同大学附中的贝勒路（今黄陂南路）分部读书时，一位姓韩的高三同学通知我，要鼓动学生罢考，前往大同大学的大学部与上海市长吴国桢进行说理斗争。我积极地做工作，许多同学罢考了，我就与这些同学赶往大同大学本部。记得当时有很多同学参加,场面十分激烈。吴国桢注意到有几位同学特别活跃,就盯牢其中一位学生(后来得知是上海地下学联主席陈震中),追问他是哪个学校的,并命令军警把他捉起来。结果学生们就闹起来,把吴国桢包围起来,吴国桢的眼镜都被碰飞掉了,十分狼狈,最后他不得不撤退。国民党当局企图压制大同学生反内战斗争的目的未能得逞。

这次活动使我对群众运动有了认识,感到了团结就是力量,亦看到了国民党的腐败无能,对我的思想有很大影响。

这里我要对抗战胜利后青年学生参加反内战运动谈些体会和看法。可以说当时参加学生运动的有成千上万人,但是其中绝大多数不是党员,而是爱国青年,其中不少人是国民党官员的子女,还有的是资本家或者是高级职员家庭的子女,而不是工人、农民家庭的子弟。为什么呢?因为那时只有那些官员和资本家或者高级职员家庭的子弟才念得起高中或者大学,工农子弟能读高中或者大学的极少。也就是说参加学生运动的学生家庭多比较富有,比如陈布雷的女儿陈琏,解放后我曾经同她在华东局是同事(陈琏同志当时是中共中央华东局宣传部文教处处长)。他们都对国民党的统治不满,寄希望于共产党。国民党的腐败在当时确实是非常突出的问题。应该说,抗战胜利之初,国民党的声望还是很高的,我记得上海庆祝抗战游行的时候,蒋介石的头像还被举得很高。问题出在抗战胜利后的接收,那些接收大员都不怎么样,当时有所谓"五子登科"的说法,就是票子、金子、车子、房子、女子,等等。有一个歌谣很流行,"盼中央,望中央,中央来了更遭殃"。国民党的声望就此一落千丈。更重要的一个问题是蒋介石一心打内战,不肯同共产党合作建国,抗战胜利后,理应好好发展生产,改善民生。14年抗战,老百姓够苦了,但是那些接收大员却趁机自己大捞好处,老百姓自然痛恨。人民解放军在战场上又打得非常好。蒋介石垮得那么快,原因有多个方面,腐败,又打内战,从而丧失了民心,结果仅仅三年多时间,就被共产党打到台湾去了,这是其失败的最主要的原因。

当时上海的一些青年学生对国民党非常不满,积极参加爱国民主运动,同国民党政府作斗争。而他们家庭中的不少人是国民党政府官员,或者是资产阶级。新中国成立后,他们拥护共产党,为了建设新中国,他们都积极地学习与工作,但后来对这些人的"家庭成分"与"社会关系"过于强调,使他们遭受不公正的待遇,这确实伤害了他们,使他们不能为新中国作出更大的贡献。

在得知大同校方要对一些进步同学采取惩罚措施后,包括我自己在内的积极参加这次活动的几个同学都离开了大同,如:陈漪到厦门大学后去打游击,新中国成立后他在厦门中国人民银行工作;盛瑞年(新中国成立后曾任上海副市长的盛丕华的小儿子)到储能中学,新中国成立后在北京第二外国语学院当老师;张立耀到光华大学学习,新中国成立后在同济大学工作。我则以"同等学力"报考上海法学院,又跳过念高三。这样,亦就与大同附中的进步同学(也许就是地下党组织的同志)失去了联系。

上海法学院院长是社会名流褚辅成,比较开明,褚凤仪和沈钧儒也在该校任教。这个学校的学生运动发展得也很好。1946年9月,我进入上海法学院读书,积极参加了学校的爱国民主运动。我当时只有16岁,因为我跳过两级。由于上海法学院在西江湾路,离家比较远,于是在1948年9月,我又转到距离我家很近的上海法政学院,读大学三年级。当时感到法律太枯燥,于是又转入政治系。那时,考大学远不如现在那么难,同等学力就可以报考,转学、换专业亦都方便。

那时上海的学生运动受到国民党镇压,想去解放区,又没有途径。原来在大同大学附中时,曾经有个同学联系我去解放区,后来这个同学跟我失去联系。我到了上海法学院,因此又成了一只孤雁。但是不久,上海就解放了,我的人生轨迹就此发生了巨大的变化。

三、参加革命（1949—1950年）

1949年中国人民解放军百万雄师渡江，国民党军队如秋风落叶般溃败。那时的江南大片新解放区需要干部，华东革命大学和华东军政大学即应运而生。这年的8月，我考入华东革命大学学习（此时，我父亲的病已经很重，子女理应陪在他身边，但他没有阻止我去报考）。两个月的学习之后，我于10月被分配到浙江衢州去参加组建人民政府，负责文教科的工作。

当时的衢州市人民政府只有一二十个人，而文教科一开始只有我一人，当时确是百废待兴，我一个人既要调查了解衢州文化教育方面的情况，要求原来的文教人员接受人民政府的领导，继续安心工作；还要参加召开全市人民代表大会的筹备工作，因为是大学生，因此我还要做记录、写发言稿；更要下乡，参加"查田反霸"（查田地，反恶霸）工作，为土改做准备。主要任务是要把所有的土地丈量清楚以及深入联系群众，调查情况，以便进一步划分阶级成分。我们需要住在村里，和农民住在一起。真是夜以继日地工作，根本没有休息时间，星期天也不休息。当时生活条件很差。我们来衢州的时候，只是带了一个铺盖卷，到了衢州之后，住的地方也没有，就到一所小学里面去找地方住。在一个操场的角落有个看门的人坐的小房间，我就住在那里。当时是供给制，每天只能吃两餐，而且荤腥极少，主食主要是馒头，一种比较粗的面粉做的馒头。经常吃的菜是豆腐和竹笋，另外敞开供应的是腌制的辣椒，随便你吃多少。这样的生活过了三四个月，工作忙，加上生活条件差，这使"上海少爷"且体弱多病的我扛不住了。1950年春,我肺病复发,咳嗽吐血,卧床不起。这把组织难住了,衢州根本没有像样的医院来帮我治疗肺病,因为当时肺病还是难治的大病。又因我刚参加工作,还没有什么级别,没有条件入高级医院,因此也不可能把我送到杭州省级医院去治疗。组织上经过商议,由市委组织部部长戚宝琳同志找我谈话,要我回老家(上海)治病,等病好了再回来工作。我很理解组织上的难处,就同意了。于是,组织上就开了一封介绍信,我的组织关系(在衢州市人民政府工作期间,我已经于1949年12月加入新民主主义青年团)就通过中共华东局再转到上海市卢湾区,这样,在1950年的二三月间,我回到了上海,在家里养病。先到区团委报到,团委要我一方面在上海治病,一方面要我回到上海法政学院做建团工作,建立团组织(当时是个三人小组,由正行女中毕业考入上海法政学院的地下党员周淑玉做组长)。后来又要我到一个烟草厂的夜校上课。那段时间,衢州市方面曾按供给制标准,给我寄过一双球鞋和肥皂、草纸,但是再到后来,就没有联系了。直到几十年后我申请离休待遇时,才知道当时我已算作病退,脱离革命队伍了,不能享受离休待遇。

四、考入复旦大学(1950—1952 年)

回到上海后,家里的亲戚帮我做了一些调养,身体逐渐恢复一点。于是,我向区团委提出转到复旦大学继续做建团工作的要求。因为当时的上海法政学院是私立的,要付很高的学费,我父亲去世后,这笔学费就无人为我负担了。我大哥当时也很困难,他在解放后也没有工作,而且他也有自己的家庭要抚养。因此我当时只能读公立学校,于是就向卢湾区团工委提出请求。经团工委同意,我于1950年9月考入复旦大学,进政治系三年级读书,我的团组织关系也转到了复旦大学。

进入复旦大学后,我担任政治系团支部书记。跟我同时期担任团的工作的,记得金冲及、徐震是团委正副书记,陈绥儒是经济系团支部书记,黄永璨是法律系团支部书记,戴学稷是历史系的团支部书记,李岚清是企业管理系团支部书记,余子道是新闻系团支部书记,中文系团支部书记是王永生。

那时复旦大学的党员还很少,我进政治系起初还没有党员。后来来了一个候补党员李振石(已去世),他担任组织委员,我还是担任团支部书记。我那时一方面要读书,同时要做团支部的工作。工作很多,因此非常忙。一开始是支持抗美援朝。当时发动了抗美援朝运动,我在动员大家参军的同时,自己也报名参加军事干校。但是因为身体不好,没获得批准。接下来是参加土地改革运动。当时,复旦大学成立了土改工作队,周予同教授是土改工作队大队长。由工作队带我们去参加土改。我们政治系学生到安徽

复旦大学就学时期的唐培吉先生

五河县和灵璧县参加土改。我们在那里参加土改工作一共有几个月的时间。土改运动之后,就回到学校参加镇压反革命运动。

在"镇反"运动中,政治系也揪出来几名反动党团登记分子,有一个逃走了。再后来就是"三反"和"五反"运动。"三反"和"五反"运动是各个单位必须搞的运动。"三反"和"五反"运动的时候,记得复旦大学曾批斗过几个教授,但我们政治系没有。食堂一个姓管的采购被揪出来,这也是复旦大学最大的贪污犯,当时还为此专门组织了一个打虎队进行批斗。之后是思想改造运动。政治系的思想改造运动由系团支部负责,改造对象是全体师生,但主要是针对老教授;组织学生专门成立了帮助老教授的小组,由卢莹辉同学负责,由时任法学院院长兼系主任的胡曲园教授担任老师学习小组组长。目的是让他们划清同封建主义和帝国主义的思想界限,清除亲美、崇美、恐美思想。反思自己当时犯了"左"倾幼稚病,对老教师的"思想改造"是过"左"了,伤害了他们,感到很内疚。

在这一系列运动中,我经受了政治考验,没有成为运动的对象,而是参加运动的积极分子。

在"三反""五反"运动的同时,还搞过民主改革运动。这个运动是在城市里进行的,主要是在工厂里面。针对的是那些新中国成立前工厂里的工头之类,这些人都被清除。在上海,这场运动的成效非常明显,新中国成立前在上海社会横行的帮会、流氓头子被彻底打掉了,社会风气也完全扭转了。对此,我有很深的体会,深感中国共产党领导的新社会就是好,更推动自己要跟着共产党干革命。

在旧上海,黑社会非常有势力,黄赌毒泛滥。如果没有流氓帮会庇护,一般人是混不下去的,根本无法立足。我知道我的父亲也拜过一个张姓的青帮老头子,这个人比杜月笙的辈分要高。我也跟着父亲一起去参加他的七十大寿的喜庆活动,因此我也见过他。我的大哥也是拜过杜月笙为老头子的。

在复旦大学的两年,参加各种运动的工作任务十分繁重,只能是想办法抽出时间读书。最常去的地方是登辉堂(现改为相辉堂),占个位子专心地看点书。由于工作忙,有些课程都没有参加考试,毕业论文都没写。所以我们的毕业证书上的成绩单,在毕业论文与第四学年的课程上盖个"P"(pass)就算代替了。

五、参与组建华东政法学院(1952—1958 年)

1952 年 7 月,我从复旦大学毕业,被分配到正在筹备当中的华东政法学院工作,一直到 1958 年。

我从复旦大学毕业的时候,正赶上全国高等学校进行"院系调整",即按照苏联模式把高校调整为专科性的学院,只保留少量综合性大学。上海保留的综合性大学只有复旦大学。

这次调整可谓"几家欢喜几家忧"。有的在这次调整中得益,如复旦大学在这次调整中,一些学科更强了,数学家苏步青、谷超豪等就是在这个时候从浙江大学调到了复旦大学。同济大学则由原来的综合性学校调整为纯粹的工科大学,原有的文法学院调到新成立的华东师范大学,医学院调到武汉大学。同时上海还成立了几家新的大学,如华东师范大学、华东政法学院等。华东政法学院是由华东六省一市各高校的政治系、法律系合并而成立的,但是各高校的老师基本上都不要(仅两三位),而学生全部接受。我作为毕业生首批分配到校任教师(共 4 人,东吴大学地下党员庄咏文、南京中央政治大学地下党员王志平、复旦大学政治系团支部书记唐培吉、复旦大学法律系团支部书记黄永璨),参加了筹建工作。

"院系调整"除了学习苏联模式之外,还有一个重要目的就是要在教育战线上彻底铲除帝国主义和资产阶级的影响,把当时教会办的学校和私人办的学校都合并到国立学校。所以当时上海著名的大学,如教会办的圣约翰大学、沪江大学、东吴大学、震旦大学以及私立的之江大学、大同大学、大夏大学、光华大学都合并了。教会办的中学也改变了性质,如上海中西女中改建为上海第三女中等。为彻底铲除帝国主义和资产阶级的影响,各大学的课程与师资都作了调整。以新成立的华东政法学院为例,法律专业课基本上不再用原来的教授上课,由中国人民大学自己培养的青年教师替代他们,使用的教材也是从苏联翻译过来的。

院系调整过程中,各高校还新设马克思列宁主义政治理论课,共分四门课,即马克思主义政治经济学、马克思主义哲学、联共(布)党史、中国革命史。这四门课都是必修课。四门课当中如有一门不及格,就不能毕业。

这些课程的教师全部要由党团员来担任,以加强对学生的政治思想教育。因此1952年以后毕业的许多党员和团员,不管原来读的什么专业,相当一部分都被分配担任政治理论课老师。在华东政法学院,一位南京中央大学政治系毕业的党员(王志平)担任政治经济学课,一个复旦法律系毕业的(徐顺教)担任哲学课,一个原东吴大学法律系毕业的地下党员(庄咏文)担任联共(布)党史课,还有一个就是我,担任中国革命史课。我们四人当中,有两名是党员,两名是团员。

华东政法学院设立于1952年,是在华东地区高校的政治系、法律系的基础上组建的。我正好是这年从复旦大学毕业,于是就被分配到华东政法学院当教师,复旦政治系低年级的学生也转到华东政法学院继续读书。

与其他上海高校相比,华东政法学院有其特殊性。创建的时候就配备了大批南下干部,掌握包括教研室在内的各个部门,有点像机关。这与同时创办的华东师范大学不一样。华东师范大学校级主要领导由南下干部担任,各个系基本上都是各个大学合并过来的专家学者,如教育系的刘佛年、历史系的吴泽、哲学系的冯契、中文系的徐中玉,等等。而华东政法学院培养的是要掌握"刀把

华东政法学院时期的唐培吉先生

子"的,所以要加强党的领导,所有领导岗位都由南下干部担任,院长由上海市委秘书长魏文伯兼任,副院长原来是第三野战军保卫部部长郑文卿,其余各处部则是南下的处级干部,如教务长赵野民是某个旅的副政委,副教务长王亚文是1925年的老地下党,长期由董必武单线联系。各个教研组(室)主任都是县团级干部,其中不少是由当过县长的干部担任,如中国革命史组组长李茹莘,以前当过一个县的副县长兼妇女主任;哲学教研组组长唐文章是江苏省一个县的县长。我记得以前各大学的教师留用的仅四名,一名是东吴大学的傅季重教授担任逻辑学课的,一名是安徽大学的翟廷君,教中国哲学史,一名是教英语的陈忠诚,还有一位教语文课的,单位与姓名记不清了。复旦大学政治系、法律系的老教授一个都没有进华东政法学院。当时复旦大学政治系是大系,有一批著名教授,如七君子之一王造时(他的女儿王海容亦在复旦大学政治系读书),以及胡曲园、耿淡如、林同济、严北溟等。这在现在来看是不可思议的。可当时华东政法学院不要所谓"资产阶级教授",而要了两位中国人民大学法律系的中青年教师王舜华(担任刑法课)和林景如(担任国家与法的理论课)。人民大学的教师亦很缺,只能给两个。后来又给了几个法律系毕业生如齐乃宽、叶孝信等。学校还要了一批犯错误的老干部来当教师,在"三反"运动中被撤职的干部就也来华东政法学院当教师,如原上海市委副秘书长兼社会局局长曹漫之、原上海市劳动局局长李剑华、原华东军政委员会办公厅副主任潘振亚、原华东交通干部学校校长黄逸峰、原华东交通干部学校教务长徐盼秋等。记得曹漫之被撤职的原因一是油漆自己的住房,二是在工作时间打牌,"三反"运动中被揭露出来,结果被撤职。而潘振亚被撤职的原因是他娶了一个地主的女儿,被认为是阶级立场有问题。此外,由华东军政委员会对各校刚毕业的学生进行培训后,选择一部分分配至华东政法学院当教师,使教学队伍基本建立,可以进行教学了。

华东政法学院成立之初,设有本科班和大专班。本科班起初的生源是原来华东六省一市高校的政治系和法律系合并起来的青年学生。后来又招收以工农干部和青年学生混合的本科班,共招过10个班。大专班是稍晚一点设立的,共有两个,主要是从基层工农干部和历次政治运动涌现出来的工人积极分子中招收。此外,还办过县处级干部的培训班。从1954年一直招到1957年,共有四个年级,学生总数达千人,这是华东政法学院创办之初发展鼎盛的时期。

那时教职员工都是坐班制,基本上是集体生活。我的办公室和我住的地方是连在一起的,前面是办公室,也就是中国革命史教研室,后面一间就是我住的地方。平常的时候,前面的房间工作,后面的房间晚上睡觉,在食堂里吃饭,工作比较辛苦,但生活条件要比在衢州好太多了,我的肺病就此慢慢痊愈了。

教学工作是很辛苦的。中国革命史是一门新课程,还是全校学生的必修课,我们这些教师都没有学过,更没有教过。因此只能集体备课,集体写讲稿,由几位老师分头讲课,课后再了解学生的反响,然后对讲稿补充修改。我当时不仅要给学生上课,还兼任学生班级的辅导员,还有团的工作,因此常常是不分白天黑夜地工作,也没有星期六和星期天,所有的精力和时间都在工作和参加政治运动上。我们那时都认为自己是在干革命,干革命是不辞辛苦、不计报酬的。

记得那时也是有娱乐活动的,主要的活动是在星期六晚上,学校组织舞会。当时的舞会是被当作政治任务,党团员必须参加,舞会上可以多联系群众,并做一些思想工作。我在复旦大学就参加过这个活动,当时党委书记李正文亲自参加跳舞,大家跟着学跳,各种各样的舞姿,非常有趣好玩,令人忍俊不禁。在华东政法学院是由团委组织的,我作为教职工团总支书记是必须参加的,还要积极跳舞,所以跳得还不错。后来这个活动还为年轻人找对象提供机会,如华东政法学院男同志多,就组织医院医生、护士来参加学校的舞会,有的就谈恋爱、结婚,有一定的效果。当柯庆施任上海市委书记后即禁止跳舞。

由于工作热情高,教学效果也很好,教研组和青年团总支工作也做得不错,与各方面的关系相处得也很好,我得到了组织上的信任和培养。1953年,学校送我到中央政法干校培训。这次培训有三个月的时间,主要是学习有关政法方面的文件,听取校长彭真和最高检察院、最高法院领导作报告。同年12月,我加入了中国共产党,预备期一年(我在复旦大学时即提出申请入党,当时复旦大学党组织负责人之一邹剑秋对我说:你的家庭出身不好,还要好好考验),1954年年底转正,并担任中国革命史教研室副主任、院团委委员兼教职员工青年团总支书记。

1956年,刘少奇担任国家主席后,首次开始进行"职称评定"工作。我被评为八级讲师(全校仅4人),享受县处级待遇,工资110元。之后学校又派我同其他3位南下干部(民法组的张兰田、国家法组的朱伯奇、刘德周)一起到中央党校师资培训部学习。当时培养政治理论课教师最主要的是中央党校和中国人民大学。

那时中央党校刚刚办起来,也需要人。华东政法学院领导担心我们去中央党校学习后被留下,因此要我们是以"旁听生"(组织关系在原单位)的身份参加学习。记得当时我们住在党校边上的一个庙里,条件很简陋,里面也住了一些来自山西、陕西等省份的"旁听生"。但是给我们上课的中央党校的那些老师都是非常棒的。给我们上政治经济学课程的是郭大力(《资本论》译者之一)和龚自其;上哲学课的是艾思奇和杨献珍;上中共党史的是张如心(延安时期曾经担任毛泽东的秘书)和李践为。他们的课都讲得非常好,深入浅出,联系实际。学习期规定是两年,可惜因为要返回原单位开展"反右"运动,因此我们只学习了一年,就返回学校,参加"反右"斗争。

虽然只有一年的学习时间,但是我的收获还是非常大。在这一年当中,我系统地学习了马克思主义的基础理论。

1957年7月1日,我与本校哲学老师张蔷英结婚,继续住在华东政法学院里。

六、"三天革个命":在上海社会科学院历史研究所(1958—1961年)

"反右"运动后,中央认为政法院校出了不少右派,因此决定把全国政法学校全部撤销。华东政法学院因此于1958年被撤销,教职工大部分被并到上海社会科学院各研究所。同时被撤销的还有华东财经学院,其教职工也多被并到上海社会科学院。原来的教哲学的教师被分到哲学所,教经济学的教师分到经济所,教法律的教师分到法学所,上海社会科学院就是这样全面建立起来的(在1958年上海社会科学院成立之前,1956年已有直属中国科学院的经济研究所和历史研究所,上海社会科学院成立后,这两个所被并入)。我与另外几名原华东政法学院的干部被分配到上海社会科学院历史研究所。

1956年成立的历史研究所当时人数不多,所长是李亚农,副所长是徐仑,还有陈天赋、汤志钧等几个研究人员。1958年上海社会科学院成立,华东政法学院、华东财经学院许多教师调配到历史所,开始成立了古代史、近代史、现代史等研究组,原华东政法学院中国革命史研究室主任李茹莘担任现代史组组长,我担任副组长。和我一起调来的吕书云担任历史所总支副书记兼办公室主任;华东财经学院来的沈幽簀等老师分到现代史组,张有年、张启成等老师分到近代史组。另外,复旦大学历史系毕业生王天成等亦分配到历史所,还招收了10名研究生,后来又有部队转业来的奚原、刘仁泽、洪廷彦、宋心伟等,一时历史所人丁兴旺,实力大增。

所址亦搬到徐家汇。所里的研究工作得以有计划地顺利地进行。

上海社会科学院历史研究所与华东政法学院的工作环境很不同。在华东政法学院时,我的主要工作是备课、讲课,还要联系学生;同时还负责教研室的工作,抓好集体备课、听课事宜;更要做青年团的工作,如规划组织生活内容、组织团日活动、发展团员与教育团员等,因此,我的工作十分繁忙。可是到了历史所之后,主要的工作是学术研究。起初,我每天到徐家汇藏书楼翻旧报纸、做卡片,午饭后休息一会儿之后,再继续工作,直到下班,天天如此。我一开始有点不习惯,但是后来渐渐懂得这是做学术研究工作的基本功。报纸是研究资料的最主要的来源之一,有了资料才可能进行研究。当时查报刊资料主要是为了完成与南京第二档案馆合作编写的"中国近代现代史大事长编"项目。我当时年少气盛,感觉这么慢吞吞地翻翻写写,何时才能完成?那时正值"大跃进"年代,大家都在"挑灯夜战""指标翻一番"。于是我就提出要一口气把余下的报纸翻完,提早完成任务。当时的历史所领导也表示赞赏。我还代表历史所到经济所去挑战,经济所也只好应战。接着,我就带领这一项目的几位参加者,通宵达旦地工作,整整三天三夜没睡觉,总算把剩下的报纸翻完。这就是所谓"三天革个命"的由来。但是,这种方式完成的工作,质量肯定是很难保证的,很粗糙的,研究工作是不能这样做的。这之后,我逐渐体会到做学术研究工作要耐心、细致,还需要深入思考,不能贪多图快,所谓"板凳要坐十年冷"。

在历史所工作的这段时间,历史所资料室的丰富藏书也让我受益颇多。来历史所以前,我历史方面的书籍阅读不多。历史所资料室有非常好的藏书,其中还有不少外文书。首任所长李亚农对历史所资料室建设有很大贡献。他当所长后,曾经申请到两万元经费购买各种图书。这在当时是一笔很大的经费。来历史所后,我读了很多历史方面的书。那时负责资料室的杨康年老师非常博学,也非常敬业,他通过各种途径收购图书资料,其中有不少是从旧货市场收购来的,很多资料有非常高的史料价值,如"宗方小太郎日记""冯桂芬日记",等等。他对资料室的图书资料情况非常熟悉,你需要的资料,只要资料室里有,他很快就能帮你找到。历史所资料室也让我认识到博览群书的重要性。只有博览群书,才能触类旁通,只有博大才能精深。

历史所工作期间,我还曾经到国棉二厂体验生活,进行调查研究,并编写厂史。我那时负责带领一批历史所的研究生(如张铨、吕继贵等)和现代史研究组的一些同志到厂里。当时住在厂里,跟班劳动,采访座谈。几个月后,编写出《国棉二厂厂史》的初稿。可是所领导徐仑审阅后,认为还粗糙,不能出版。后来我调离历史所,就由张铨同志负责此书的修改。这使我初次体会到下沉基层、体验生活、调查访问、收集资料,也是研究工作的一个重要途径与方法。

到历史所工作不久,我于1959年又被派到中国人民大学中共党史系特别班(相当于研究生班)学习。

中国人民大学中共党史系是当时中国高校当中唯一设立的中共党史系。这个特别班一共招收50名学员,这些学员也都是全国各地调来的局级和团处级干部,全部是共产党员,培训目的是培养一批党史教学研究骨干和领导,而我是这些学员当中唯一的一名享受县处级待遇的青年教师(来自上海的学员一共有4名,除了我之外,还有交通大学的党委办公室主任耿亮,第二军医大学校部顾国祥、海军医疗系总支书记庄鹏信)。班主任是老同志龚古今老师。可是当时全国正在掀起人民公社化运动,我们也需要参加,因此我们开学后的第一学期就下乡参加人民公社化运动。到了第二学期,又赶上庐山会议之后的"反右倾",班上的一些学员回家后发现"大跃进"和"人民公社化运动"当中的一些问题,返回学校后就发表了一些意见,其中有十人被定性为"右倾机会主义分子",学校组织我们对这些人展开批斗,整整一年没有好好上课读书。后来学员对此反应强烈,于是学校领导决定延长半年学习时间。由于学员一年时间都在搞运动,又批斗了一批学员为"右倾机会主义分子",这个特别班并没有达到预定的培养目标,毕业后大部分学员没有在党史教学与研究岗位上做骨干,所以这种班以后就不办了,成为空前绝后的特别班。

可是,在这最后半年我确实好好读了一些书,特别在中国人民大学中共党史系资料室查阅了很多党史方面的资料。党史系资料室有很多老革命的访谈记录,这些访谈记录对加深对党史一些问题的理解非常有帮助。而这些资料在上海是看不到的。

另一个重要的收获是有机会全面系统地听了中共党史课程。我以往虽然也搞党史教学工作,但那时都是自己摸索。因此,这也是我第一次系统学习党史课程。由于中国人民大学的特殊地位,可以请到像革命元老吴玉章、李立三、何长工等许多老同志来校作报告;人大中共党史系的何干之和胡华教授都给我们作讲座。何干之的资格非常老,延安的时候就是党校老师,他以理论见长,高度概括论述理论,学术性强,观点鲜明,特别是当时他就指出"大跃进""人民公社化运动"是小资产阶级狂热性的体现,这是非常正确的观点,直接批评了中央的工作。他是中国人民大学中共党史系的系主任,党史研究方面的第一块牌子。他编著的《中国革命史讲义》是全国第一本全国发行的中国革命史专著。"文革"的时候,他也到干校去劳动。"文革"结束前在"五七"干校劳动时跌了一跤,即去世了,实在太可惜了。胡华教授则是以资料见长,在发掘新材料后即整理研究添加到教材里,他主编的《新民主主义革命史》,是全国各高校通用的教材,他经常到全国各地高校作学术报告,很受师生欢迎。后因病在上海逝世,亦很可惜。还听了其他老师对每一个革命时期的专题讲座:彭明讲五四运动;刘经宇主讲党的创建与第一次大革命时期;冯拾主讲第二次国内革命战争时期;王祺主讲抗日战争时期;麦农主讲解放战争时期;戴鹿鸣主讲建国前七年。我认真学习并做好笔记,对中共党史有了一个全面系统的学习与掌握,亦认识了许多党史专家学者。可以说在中共中央党校的学习,使我在马克思主义的哲学、政治经济学、科学社会主义理论方面打下了比较扎实的基础;在中国人民大学的学习,使我对中共党史各个时期及各个时期的重点问题有了一个比较系统全面的掌握。这些对我毕生受用,为我的马克思主义理论教学研究奠定了基础,为今后的学术研究创造了良好的条件。

1961年春,我从中国人民大学毕业,回到历史所。这时历史所的所长是沈以行,总支书记是吕书云。沈以行将"上海工人运动"研究带到所里,建立了工运史研究组,组员姜沛南研究大革命时期和第二次国内革命战争时期,徐同甫研究抗日战争时期,郑庆生研究解放战争时期。我回来后,又转而研究工运史,与郑庆生一起研究解放战争时期工人运动。

从华东政法学院到上海社会科学院历史研究所,不仅是换了一个工作单位,而且由一个教师转变为一个研究人员,经过实践,开始懂得如何当好一名教师和做好一个研究人员。从此,我就成为一名史学工作者,亦是一名教育工作者。

七、调入中共中央华东局宣传部工作（1961—1973 年）

1961 年年底，我从上海社会科学院历史研究所调到华东局工作。当时历史所书记吕书云同我谈话，说组织上要调我到中共中央华东局宣传部理论班工作。至于为何当时调我去华东局，我到现在也不清楚，我猜想也许因为我是个党员，又到中共中央党校和中国人民大学系统学习过，条件比较符合。

当时的华东局是 1961 年重建的。实际上早在 1945 年 12 月，就建立过中共中央华东局，由中共中央山东局和中共中央华中局合并组建的，书记是饶石漱，副书记是陈毅、黎玉，管辖华中与山东两个大战略区。随着解放战争的进展，华东局迁移多次，到过山东的青州、安徽的肥东，1949 年 1 月迁到上海，华东局成员亦随之发生变化，邓小平这时曾兼任华东局第一书记。后邓小平调到西南，饶漱石再任第一书记，第二书记是陈毅，第三书记是谭震林，第四书记是张鼎承。这时的华东局权力很大。1954 年 4 月 27 日，鉴于全国已经解放，各级政府都建立起来，因此根据中共中央政治局扩大会议的决议，撤销各大区的中央局，华东局也因此被撤销。

1961 年 1 月 18 日，中共中央八届九中全会又决定恢复华东局，辖华东六省一市。华东局是中共中央的一个派出机构，直属中共中央政治局和书记处。主要任务是承上启下与调查研究，通过召集会议和到基层调查的方式了解华东六省一市党委对中央路线、方针、政策的贯彻执行情况，发现问题一面上报中央，一面适时处理,但不管地方具体事务。因此该机构虽然人数不多,但权力很大,是可以管理华东六省一市的。按照党的组织原则,中央尊重地方,地方服从中央。华东局进驻上海以后,华东局第一书记兼上海市第一书记。老华东局书记由饶漱石兼,新华东局书记则由柯庆施兼。这两个书记都很强势。新的华东局第一书记柯庆施、第二书记曾希圣、第三书记李葆华(李大钊之子),书记处书记包括江华、江渭清、陈丕显、许世友、杨尚奎、谭启龙,还有两个候补书记兼秘书长魏文伯和韩哲一具体在华东局办公。1964年柯庆施因患肺癌开刀后,华东局向中央请示领导问题,中央批示:按联合国办法,秘书长专政。据此,1965年,魏文伯、韩哲一升任书记,由魏文伯主管华东局工作。

华东局设有书记处、办公厅(主任王眉征)、组织部(罗毅)、监委(书记郑平)、宣传部(部长夏征农)、经计委(经济计划委员会,主任韩哲一)、农业委员会(主任刘瑞龙)、财政委员会(主任刘和赓)和机关事务管理局。此外还有一些挂靠单位,如太湖水利局、血防(血吸虫防治病)九人小组等。华东局地址在上海宛平路11号和高安路19号两处。1965年,为加强思想政治工作,中央派四个部队大校级干部来华东局担任政治部主任,分别是工交(计委、经委等单位的合称)政治部江岚、农委(农村工作委员会)政治部主任寿文魁、财委(财政工作委员会)政治部主任雷鸣、宣传部政治部主任迟鹏。

宣传部设理论、宣传、文艺几个处,还有三种刊物:《内刊》(不公开出版,姚文元曾经在这里工作)、《华东通讯》和《农村青年》(邓伟志曾在这里工作),再加上一个理论班。我在理论班当教员。

理论班主要是培养理论干部的,实际上是为了给各级领导配备秘书,所以又称"秀才班"。那时南下干部较多,文化水平多不太高,需要配备有相当文化理论水平的秘书。理论班有正副主任

（顾理、杨海天）、正副总支书记（周子南、朱崇儒）、2个教员（苏绍智、唐培吉）、3个办事员、1个炊事员、1个勤杂工。华东局领导很重视理论班，由魏文伯等亲自制定办学方针，不学教科书，不照本宣科，而是自己读原著，读马列主义经典著作和毛泽东著作。部长、主任当教员，我和苏绍智当辅导员，苏绍智辅导马列主义著作（因为他曾是复旦大学经济研究所研究生），我辅导毛泽东著作。我与苏绍智在复旦大学就认识，土改时还编在一个团支部。华东局各部门领导都到理论班作报告，讲解党对这个部门的方针政策及这个部门当时的实际情况，所有计委、经委、农委、财委、宣传部的领导都来班里作报告。为了培养秘书人才，特请一个语文老师来上课，学习古汉语与写作，并要练习毛笔字。华东局书记兼秘书长魏文伯亲自来上毛笔字课。理论班一共办两期，1962年第一期招收学员60多名，分三个班：第一班是上海工人当中的学习毛主席著作积极分子（十几个学员）；第二班是刚刚大学毕业的学生（30名左右）；第三班是高校、党校教师与机关干部，华东六省每省各招2~3名（共20名）。这三个班学员的学历和资历都不一样，其教学目的是培养不同层次的"秀才"，学制两年。毕业后一部分学员分配到机关工作，有当秘书的，如唐嘉文去当魏文伯的秘书，一部分回原单位。1965年第二期由理论班顾理主任和我亲自到华东六省招生，共招到40名左右学员。这些学员身份为机关、党校和高校的干部与教师，学历和资历较为平衡。学员在学习期间主要的学习安排包括自学经典著作、听取领导报告、组织讨论、撰写学习心得。第二期还没有毕业"文化大革命"即开始了，亦就不了了之。

理论班起初设在瑞金花园，与上海市委党校为邻，后搬到淮海中路上的一幢别墅里，与宋庆龄住的别墅靠得很近，内有大草坪、小桥流水，环境优美。

到了理论班，我又换了一个新的环境。虽然这是个教学单位，但这是由华东局办的,一切按照机关办事。我是个教员,但又不上课,可是得每天上下班。苏绍智就不习惯这样的工作环境,后来调到人民日报社工作。我也想调离,但是宣传部领导不同意,说苏绍智是满族爱新觉罗家的,就放走了,你得留下。于是我只好留下,不仅要学习研究毛泽东著作,还得学习研究马列主义著作。在理论班几年,我认真地学习了马列主义著作和毛泽东著作,得益匪浅,这为我今后讲授"中共党史""中国现代史""马列主义经典著作选读"创造了条件,亦可以说是"提前备课"。这是我在理论班几年的主要收获。理论班在第二年后期,由于华东局和上海市委领导干部作报告已经轮得差不多了,组织上就试试要我去讲课。我即以毛泽东著作为教材,讲解了党领导革命胜利的三大法宝。这个内容连续讲了几次,由于准备充分,学员很满意。所以到第二期开班后,我就开始系统讲授毛泽东著作,从第一卷讲到第四卷,以党史作为毛泽东著作讲解的历史背景。我就成了"秀才班"的秀才,这就是我在理论班的全部教学工作。自己感觉工作做得不多,但亦身不由己。在理论班这些年,对中国机关的工作程序、规则与方法知晓了一些,作为一个知识分子,感觉不习惯,亦适应不了,所以一直认为回到学校里当个老师比较合适。

1966年"文化大革命"发动了,华东局机关干部都在局接待站接待造反派,后来局领导韩哲一书记(魏文伯已与上海市委的陈丕显、曹荻秋被打倒)召开全体干部大会,号召批判"资产阶级反动路线",机关干部就全体造反,批斗"走资派",又分成两派,与社会上一个样。不久,1968年,工人宣传队、军队宣传队即进驻华东局机关,华东局所有的干部(除个别被隔离在上海的,如魏文伯、夏征农外)都被赶到南汇,办"五七"干校。

我也随之去了南汇"五七"干校,接受贫下中农再教育,天天早请示、晚汇报,白天劳动和"斗私批修"。一日复一日,直到1971年华东局"五七"干校的干部开始一批批地被解放、被分配。我本

南汇"五七"干校时期的唐培吉先生(左)

来被分配到最远的山东莱芜钢铁厂去的,但我的实际情况是我带着两个女孩子在干校劳动,她们的母亲被发配到黑龙江漠河,带领知识青年在那里插队落户。我怎么带着两个不到10岁的女儿去山东省劳动呢?!有位工宣队老工人了解此情况后如实向上面反映,这才让我带着两个女儿回到上海去"战高温"。先被分配到十六铺码头仓库扛包,我这个身子骨能麻利地扛包吗?我拼命地背,还是被码头上看不顺眼,不要我了,只好再分配我到铰链二厂做勤杂工,帮工人搬东西、扫拉圾。后因全国掀起学习马列主义六本经典著作的浪潮,1972年,我被调到手工业局政校(因为我劳动的铰链二厂是手工业局下属单位)当教师,辅导经典著作。手工业局政校设在南京路原新新公司高楼上,环境不错,有大会议室、办公室,还有单独的食堂,交通亦方便。政校分期分批组织手工业局直属的厂里干部和青年工人来校学习六本马列主义经典著作,下放在手工业局劳动的干部调上来作辅导教师,除了我以外,还有中共中央第三中级党校(即后来的中共上海市委党校)的老师,如政治经济学教研室主任戴鹏,还有其他机关干部仲雷等。在这别具一格的政校,都是临时抽调的人员组成的,互相不熟悉,管理亦松懈,上课、吃饭、走人,倒亦轻松自在,但这究竟不是一个正规的高等学府,白白浪费时间。这时我已经是40多岁的中年人了。1973年,我主动要求调回复旦大学马列主义教研室工作,获得批准。

从衢州基层政府到华东政法学院,又到历史研究所,再到华东局理论班,经历了"文化大革命",去"五七"干校劳动,接受农民再教育,又到码头、工厂"战高温",还去过手工业局政校,经历了一系列政治运动的考验,作为一个知识分子,始终惶惶不可终日,不知将来如何,能在学校里安稳过日子,已属万幸了。

八、回母校复旦大学当教师(1973—1979 年)

1973 年,在形势较为松动的情况下,思考再三,我主动要求调回复旦大学马列主义教研室工作,获得批准。

由于"文化大革命"尚未结束,高校的形势亦不明朗,当时很少有人要到高校工作,因此我就较顺利地回到了复旦大学。自 1952 年从复旦大学政治系毕业后离开,到 1973 年又回到母校,已 20 多年。经过一系列政治运动,我已经没有了当年意气风发的劲头,觉得在学校里当一个老师对我最合适。这同我父亲长期办教育也有很大关系,我想继承父业。我当时最大的愿望,就是在自己的母校做一名普通教师,平平安安地教书,静静心心地读书,就足矣!

我回到复旦大学后,在马列主义教研室中国革命史教研组工作。这里的教师对我来说大多是新面孔。我们主要是为全校本科生讲课,还为本教研室自己举办的研究生(工农干部)班上课,我终于过上了一个普通教师的平静生活。1976 年"文化大革命"结束,复旦大学新调来了党委书记夏征农。夏征农原来是华东局宣传部部长。他当时认为马列主义教研室是"文化大革命"的产物,决定撤销,这样我们这些马列主义教研室的教师就分流到学校各个单位,原来教马克思主义哲学的就并到哲学系,教政治经济学的就并到经济系,教中国革命史的就并入历史系,因此我就被分到复旦大学历史系现代史教研室。

来到历史系工作之后,我感受到这里的工作情况和学风跟马列主义教研室很不一样。马列主义教研室教师要面对的是全校学生的政治理论课,常常有几千名学生,要上很多课,做研究的时间就很少。而历史系教师仅是对历史系的学生上课,课时不多,有时一个学期都没有课,甚至一年都没有课,或者只上几次课,做研究的时间就大大增多了。这是历史系老师的一个优势。教师的治学风格与政治理论课教师也不同,他们一般都会选择历史学科中某一领域或某一方面进行研究,经过一定时间的深入研究,形成自己的研究特色,这个学风是很好的,亦是经过长期培养形成的。所以复旦大学历史系积累了深厚的底蕴,不断地培养出有造诣的专家学者。我对那时复旦大学历史系的资料室也有很深的印象,资料室不仅资料丰富,而且资料室主任王老师也兢兢业业,工作认认真真,有很好的专业素养,他协助老师寻找相关的研究资料,而且自己亦有研究项目。后任的资料室主任傅德华老师亦是继承老主任的学风,很值得尊重。

我在历史系时决定对中国民主革命时期的历史加强研究,重点是放在抗日战争时期和解放战争时期。我当时确实想在历史系好好做研究,但是事情的发展不是以我自己的意志为转移的。1979年,组织上要我到刚成立的复旦大学分校去工作。作为一个党员,我不得不服从组织的决定。刚刚到母校安定下来没几天,我又要去新的工作岗位了。

九、复旦大学分校和上海大学时期(1979—1989年)

自1979年到复旦大学分校工作至1989年又调往同济大学工作,共10年时间。除了1981年至1982年调到中共中央中共党史研究室工作一年之外,其他时间均在高校从事教学管理、教学和科研工作,亲历了复旦大学分校归并到上海大学。先说在复旦大学分校工作这段时期。

1. 在复旦大学分校

1978年全国恢复高考招收新生,全国各地的"上山下乡"知识青年纷纷报考,录取了大批学生。原来的高校容纳不了这么多学生,就办分校,复旦大学、交通大学、华东师范大学、上海师范大学等都办了分校。复旦大学分校办的是文科,原设中文、历史、经济、图书馆4个系,我担任历史系系主任,主要负责教学方面工作。

初创时期的历史系只有4个人,即正副总支书记、主任、系务员,一个专职的教师都没有(复旦大学调来过一位教师,但不久就回复旦大学了),办学的场所也没有,后来在当时的上海社会科学院分部(即华东政法学院校址)借了一块地方。

创业之初是很艰难的。面对一个专职教师都没有的历史系,我考虑的第一个问题是要让学生按时上课,并要保证教学质量,把学生的情绪稳定下来。这批学生大都是"上山下乡"的知识青年,多年来渴望求学,好不容易考取了,成为"文化大革命"结束后的第一批大学生,多么想在教室中聆听老师的讲课,这种心情是十分

部分复旦分校历史系第一届(1978级)学生在华东政法学院韬奋楼前合影

唐培吉先生(前排右一)带领复旦大学分校历史系学生前往上海社会科学院历史研究所,与历史所唐振常先生(前排左一)等座谈

迫切、十分强烈的,对此我是非常理解的。历史系招的第一批新生有90人。一个年级有这么多学生是前所未有的,比当时复旦大学历史系招的学生还多,但是看到历史系只有我一个可以给学生上课的教师,学生是有失落感的。我考虑到如果学生情绪发生波动,那会是很难收拾的。于是我回到复旦大学历史系与系领导商议,坚决要求以复旦大学历史系一年级的教学计划作为我们分校历史系的计划,由本系各门课的任课教师全部到分校来上课。最终得到了历史系副主任庄锡昌老师的同意。我随即与每位上课的教师商定上课时间,这样复旦大学分校历史系第一张课程表终于出来了。这既解决了教学的难题,亦使分校的学生非常满意,都自认为是复旦大学的学生,因为教学质量是与本校一样的。1978级和1979级都采取的是这个做法。总算教学工作能正常有序地进行,而且教学效果还是不错的。这个大难题解决了,我心中一块大石头也就放下了。复旦大学分校安定下来不久,1981年我又被调到中共中央党史研究室工作。

2. 调至中共中央中共党史研究室工作

1980年,"文化大革命"结束不久,为从思想上拨乱反正,中共中央决定成立两个机构,一个是中共中央党史资料征集委员会,负责征集资料(后来与中共中央党史研究室合并);另一个是中共中央党史研究室,编写《中共党史》,由中共中央宣传部副部长胡绳兼任主任,主持工作的副主任是廖盖隆。廖盖隆曾任朱德总司令的秘书,为人非常正直。两个机构的人员都是从全国各高校、党校借调来的,以北京的为多,有中央宣传部的谬楚黄同志,中央党校的金春明、杨圣清、陈威等,还有中国人民大学的王淇、戴鹿明、刘经宇等以及北京大学、北京师范大学和北京师范学院的几位教师。外地的有来自东北师范大学的郑德荣,吉林大学的郭彬蔚,天津南开大学的左志远,四川大学的王洪谟、叶心瑜等,武汉大学的陶恺,广东暨南大学的郑应洽,山东党校的何荣棣、浙江大学的王学启等,我来自上海复旦大学,一共三四十个人,应该说这些都是中共党史或中国现代史研究方面有一定水准的学者,只有中央党史研究室才能把这些学者汇集在一起。

中共中央党史研究室是一个中央机构,办公地点设在中央党校南院(颐和园北门的斜对面),设有办公室、科研处、总务处、档案室(是中央档案馆派出机构)等部门和7个编写组,编写组即党的创建与第一次大革命时期、土地革命时期、抗日战争时期、解放战争时期、新中国建立后的七年、建设社会主义时期和"文化大革命"时期,每组两三人。由于刚刚建立,编写《中共党史》的条件尚不成熟,因此,胡绳同廖盖隆同志商量决定先编写《中共党史大事年表》,为以后编写《中共党史》做准备。当时按党史的分期分几个编写小组,我被分派在解放战争时期小组。我们这个小组名义上有4个成员(包括陈毅长子陈昊苏,但没有实际到任,只是挂名),但实际上是3人,由廖盖隆同志亲自领导。我的主要工作是编写解放战争时期的大事年表。

在党史研究室工作的这段时间,我的收获很大。最大的收获是在档案室看了不少有关解放战争时期的档案材料。中央党史研究室的档案室是中央档案馆的派出机构,管理极严,一开始门口还有解放军站岗。关于档案阅读范围的规定是编写哪一时期的只能看哪一时期的档案。我编写解放战争时期的大事年表,因此我只能看解放战争时期的档案,别的都不准看。而且档案只能在档案室内看,不能拍照、复印,如果要摘录,也只能用桌子上已准备好的本子抄写,不能带出档案室。

在党史研究室工作的这段时间,我最主要的工作是编写解放战争时期的大事年表。通过对档案资料的阅读以及同编写组其他同志的讨论切磋,对解放战争这一段历史有了比以前更为深入的理解,比如关于抗战结束之后的国共两党的关系问题就有一些自己的研究心得。

《中共党史大事年表》

抗战结束后召开的第七次全国代表大会上，毛泽东作了《论联合政府》的报告，可以看出当时中共的指导思想是国共可以合作建国，中共中央后来发布的一个关于时局的指示当中也提出当时进入了和平民主的新阶段，对时局很乐观。这同第二次世界大战后的苏联和斯大林的影响也有关系。第二次世界大战期间，美国使用了原子弹，而当时的苏联没有原子弹，对苏联有很大的震动，当时的斯大林也不敢挑起第三次世界大战，因此在国际共产主义运动内部，斯大林要求东欧以及法国、英国、意大利等国的共产党放弃武装，同资产阶级政府合作。在中国问题上，也主张中国共产党和国民党合作建国。从我接触的资料看，中共当时也是很愿意的，并且根据中共当时谈判的条件，同意缩编军队。但是蒋介石发表的《中国之命运》，却宣称要一个领袖、一个主义、一个政党，不肯接受中共在《论联合政府》当中提出的方案，并且主动挑起了对中共解放区的进攻。

正是因为参与解放战争大事记的编写，我后来又参与《〈关于建国以来党的若干历史问题的决议〉注释本》解放战争部分条目的撰写。《〈关于建国以来党的若干历史问题的决议〉注释本》

《〈关于建国以来党的若干历史问题的决议〉注释本》

(1983年内部发行)是一本为全国广大干部和群众学习《关于建国以来党的若干历史问题的决议》的主要辅助文献,由中共中央文献研究室编,由中央组织资深的党史专家撰写。为保证质量,基本上是一个专家只写一条。中共中央文献研究室的编者说明中写明:"参加本注释条目编写的,有党中央有关部门、国务院有关部门、有关研究机构和军事院校等三十多个单位近百位同志。"因为我是在中央党史研究室解放战争研究组的成员,所以请我撰写第10条条目"抗日战争结束后,蒋介石政府悍然发动全面内战"。

在党史研究室工作的这段时间,另一项工作是参加《关于建国以来党的若干历史问题的决议》的宣讲。《关于建国以来党的若干历史问题的决议》出版后,中央党史研究室接受了宣讲任务,我被分配宣讲"建国以前二十八年历史的回顾"。这对我是一次考试,因为这是要在一次报告中宣讲党在民主革命的二十八年历史,跨度很长,问题复杂,更要按照《决议》的精神讲深讲透。第一次宣讲是在北京市委党校,获得好评。以后又陆续到其他单位宣讲,宣讲稿后来汇编成《学习历史决议专辑》,由中央党史研究室编辑,中共中央党校出版社于1982年出版。后来还到南京的部队

《学习历史决议专辑》

院校和高校宣讲,回上海后也宣讲过。在上海辞书出版社宣讲时,当时辞书出版社的领导王志芬、杨关林在听了宣讲后,即邀请我参加《辞海·现代史》部分的编写,所以我由此参加1990版《辞海·现代史》部分词目的撰写,以后继续参加2000年版、2010年版的编写,最近2020版《辞海·现代史》部分亦已修订完毕。

在编写解放战争时期大事年表的同时,我还应高等教育出版社之约,参与撰写《中共党史教程》。该书由中央党史研究室和中央党校学者撰写,我参与的是解放战争部分。《中共党史教程》作为各种学校教材,出版后再版多次。后来高等教育出版社又约请我负责编写《中国近现代对外关系史》,该书出版后也作为高校文科教材。这些书稿连同《中共党史大事年表》《〈关于建国以来党的若干历史问题的决议〉注释本》都先后出版。

此外,中国人民大学党史系龚古今(我在中国人民大学进修时的班主任)邀请我合作撰写《中国抗日战争史稿》。为撰写这本书,我们去过军事科学院、军事学院、中央党校、中国历史博物馆、中国人民大学以及南京军区等单位搜集资料。为完成书稿,我在中国人民大学还住过一段时间,在那里专心撰写书稿。1983年,

《大辞海》

该书由湖北人民出版社出版。这是新中国成立后第一部全面系统论述抗日战争史的学术专著,获得学术界的好评。从这以后,我就完全转到中共党史、中国抗战史等历史研究领域。

在中央党史研究室这段时间工作确实很紧张,但很愉快,因为终于做了一些实事,出了一点成果。可惜不久,由于当时中央严格控制进入北京的户口,因此,作为中央机关,中央党史研究室不得不带头让借调来的学者都返回了原单位。1981年,我又回到复旦大学分校。

这一年,在晋升为讲师25年后,我评上了副教授。

回到复旦大学分校后,又面临学校的办学方针问题。大家一致认为如果按照母校的模式办基础性学科是没有前途的,因为分校在各个方面无法与母校相比。当时的校党委书记李庆云提出以应用文科为主的建议,获得一致赞同。于是中文系创办秘书专业,很成功,就单独建立了秘书系;经济系拆分为法律系和社会学系,亦很成功;图书馆系改为图书与信息管理系,也办得不错。而历史系则先后办了考古与博物馆专业和政治学专业。办这两个专业,我都亲力亲为。

为了办好考古与博物馆,我曾多次拜访上海市文化局局长方行和上海博物馆馆长沈子瑜,请求他们的帮助和支持,结果这个专业申请成功,而当时复旦大学也还没有这个专业。由于我原是政治系毕业的,因此就想到牵头申请政治学专业,也很顺利地获得了教育部批准。那一年(1983年),高教部总共批准了4所学校的政治学专业,分别是武汉大学、吉林大学、复旦大学,还有一个即复旦大学分校。一时间,复旦大学分校历史系有历史、考古与博物馆专业(简称"文博专业")、政治学3个专业,应该说建设与发展得是很快的。

新的专业申请下来之后,又出现新的问题,这就是面对不同专业的学生,仅仅依靠复旦大学的历史系和政治系的师资是不够的。我当时主张应该采取"五湖四海"方针,到各个学校邀请教师来上课。于是我亲自登门拜访华东师范大学的吴泽、陈旭麓、夏东元、谢天佑、陈崇武、李巨廉、王斯德等,上海师范大学的吴成平、季平子、叶书宗等,还有文博系统的方行局长、沈子瑜馆长以及该馆考古(黄宣佩)、陶瓷(汪正庆)、青铜(马成龙)、书画等方面的专家,邀请他们来上课。可以说,凡在上海的历史学领域、政治学领域、文博领域的专家学者几乎都请到了,因此师资实际上超过了当时的复旦大学历史系。这些专家上课时,还有复旦大学的教师来我们这里听课。学生们对此也很满意,亦引以为自豪,我亦算是为历史系的学科建设出了一份力。

就这样,复旦大学分校历史系逐渐走上了正轨,也得到了校领导的肯定和社会的认可,在教育界和学术界开始占有一席之地,亦有了话语权。政治学专业后来亦发展成为政治系。

接下来面临的是历史系第一届毕业生的分配问题。系领导班子亲自出面,分头进行联系。我跑遍了所有的出版社,他们接纳了我们的一些毕业生;也有不少毕业生分配到博物馆、纪念馆、各区县局的党校和职校;留校一部分;还有的自己找到工作单位或者出国。经过大家努力,第一届学生的分配工作比较圆满结束。

1983年,复旦大学分校正式合并到上海大学。

3. 上海大学文学院

1983年,复旦大学分校与复旦大学完全脱钩,合并到上海大学,变成上海大学文学院,校园仍旧在原来复旦大学分校的校址西江湾路,后迁移到三门路。起初文学院还是一个独立的学院,相对独立,党委的领导与各系的工作照旧,历史系亦处于相对稳定发展时期。

从1983年复旦大学分校合并到上海大学至1989年我离开上海大学到同济大学工作,共6年的时间。这6年间,我在历史系的学科建设和学术研究领域的开拓等方面做了一些工作:

其一,举办了中国现代史暨革命史讲习班。上海大学历史系成立后,因为是新成立的系,在学界没有什么影响。为了推动历史系的学科建设,在文学院领导李庆云的全力支持下,1986年,我出面邀请了一批著名学者来讲学。这些学者包括上海本地的,如复旦大学的姜义华,上海社会科学院历史研究所的唐振常,华东师范大学的陈旭麓等。此外还特别从北京、南京请来不少学者,如中国社会科学院近代史研究所的丁守和、丁名楠(中外关系史)、陈铁健、耿云志(近代思想史)、郎维成(日本史)、李义彬等;中国人民大学的杨云若(国际共运史)等;军事院校后勤学院的邵维正(中共党史)、国防大学的王年一("文革"史)、北京大学的张同新(国民党史)、南京大学的张宪文(民国史),等等。当时还没有哪个上海高校可以请到这样多权威的专家来讲学,成为史学家的一次盛会,因此在学术界影响很大,这也可以说是上海大学历史系在学术界的首次亮相。这些学者在讲习班学术讲座的讲义后来编成《中国革命史、现代史专题报告集》出版。

这次会议之后,我晋升为教授,推荐人是廖盖隆(中共中央党史研究室)、胡华(中国人民大学)、金冲及(中央文献研究室)。这

《中国革命史、现代史专题报告集》

是上海大学文学院第一个教授,也是上海第一个中共党史专业的教授。那时上海晋升职称是很不容易的,1978年恢复高考,高校才开始评职称,1980年,我评上副教授。1986年,整个上海的教授还很少,因此,当时一些副教授都是高教局学位评审委员会的成员。

其二,提出研究上海学和犹太人研究,成立上海大学上海学研究所。

在上海大学历史系工作的这段时间,我还考虑要对历史系的未来发展做一些谋划。我联想起两件事,一是1922年国共合作办过上海大学,培养了一批革命干部,上海大学是为中国革命作出了贡献的;二是1985年我到香港储能学院讲学的一个经历。我在储能学院讲学期间,正值原上海沪江大学校友召开校庆会,他们也给我发了请帖,邀请我参加。我一时想不出什么原因,在会上与他们交谈时才发现原沪江大学英文名为"Shanghai University",而上海大学英文名亦是"Shanghai University",他们就误把我当作沪江大学的校友了。既已到会,我就将错就错地与他们一起吃饭,一起跳舞,尽兴而散。但这让我联想到"上海大学"这块招牌还是很有价值的,应加以继承发扬光大。我思考了一段时间后,与系里的老师商议,能否建立"上海学"研究,因为以地方为名建立新学科,前已有"敦煌学""徽学"为先例。在这之前,我已经在上海大学刚创办的学报——《上海大学学报(社会科学版)》创刊号(1984年3月)上与学生王伟联名写了一篇《时代的产物——上海大学》。我的"上海学"研究设想得到了热烈响应,于是我与孙仪、刘克宗老师联合写了一篇题为《上海学研究的若干问题》(《上海大学学报(社会科学版)》1986年第1、2期)的文章,说明建立上海学的必要性和可能性,就上海学研究的对象与范围、上海学的特点、上海学的研究方法及其发展趋势做出了初步探讨。

在校领导的支持下,1986年,又召开了"上海学学术研讨会暨上海学研究所成立大会",到会者有前上海市市长汪道涵、中共上海市教委书记王一平及社会各界有关的专家学者,如陈从周(同济大学)、陆志仁(上海社会科学院)、胡道静(上海人民出版社)、庄锡昌(复旦大学)、陈旭麓(华东师范大学)、顾晓鸣(复旦大学)、冯绍霆(上海档案馆)等。汪道涵、王一平先后致辞,都表示对创建"上海学"的赞赏与支持。我作了主题报告,与会学者也都做了发言,并开展了热烈的讨论。到会者的发言和报告后来发表在《上海大学学报(社会科学版)》(1986年第1、2期)。

这次会议在学术界影响很大,上海学研究所亦就此成立,我担任了所长,着手制定研究计划,组织研究人员。我们从研究上海文化出发,进行调查研究,参与了《上海文化年鉴》的编写。

上海学研究所还拟定研究上海犹太人与犹太文化。这起因于我于1986年作为访问学者赴美国纽约市立大学(The City University of New York)讲学,认识了一些在这个学校工作的华裔教授,其中有一位唐德刚教授。唐德刚的岳父是原国民党上海市党部的负责人吴开先,因此他跟我也是有些渊源的。加上我们两人都姓唐,就聊得比较多。他那时住在新泽西州,需要开车来学校。我还

《上海大学学报(社会科学版)》创刊号

去过他的家里,他家住的是一幢两层高的楼房,前后都有个小花园。他当时向我提出同上海大学合作研究犹太人。他对犹太人研究有兴趣是同纽约市立大学有关系的。纽约市立大学的办学经费有很大一部分是来自犹太人的赞助,那时候犹太人在美国的影响很大,因此在犹太人的节日,纽约市立大学也放假。

我觉得唐德刚的建议很好,因此就同他约定两个学校将来合作研究犹太人。回国后即开始着手这项工作,但是感到上海大学历史系的研究力量太单薄,于是就与时任复旦大学副校长的庄锡昌教授商议此事,希望复旦大学也能参加。庄锡昌也表示可以合作,于是我就拟定了由三校联合研究犹太学的计划。原想能与美国纽约市立大学合作科研亦是一件好事,因为这是开创与国外大学合作进行科学研究的探索。之后,曾派一名老师(张绥)到纽约市立大学去与唐德刚联系合作事宜,但不知什么原因,唐德刚那里竟然再也没有回应,于是同纽约市立大学合作研究犹太人的计划就此搁下了。而这时正巧上海也有些学者对研究犹太人有兴趣,在得知上海大学有研究犹太人的计划之后,就来同我联系,我表示愿意参加并支持,并且从上海学研究所的经费当中拿出一千元,作为创办学会与启动研究的经费。1988年8月18日,在杭州刘庄召开了"犹太人历史文化讨论会",参加者有上海外国语学院东方语言系主任朱威烈教授、上海社会科学院潘光教授、国际问题研究所中东研究室主任陈和丰教授、上海市社联国际关系学会秘书长金应忠等10余人。会议在进行讨论后决定成立犹太学研究会。

犹太学研究会是全国第一个犹太学研究会。成立这个研究会是不容易的,因为在当时关于以色列是个相当敏感的问题。在得到外交部有关同志的首肯之后,研究会才告成立。朱威烈任第一任会长,我和潘光任副理事长,金应忠任秘书长,名誉会长赵复三(外交部副部长)、李储文(上海市社联主席),研究会挂靠在上海市社联国际关系学会下。

犹太学研究会成立后开展了一系列的学术讨论会,参加者除了中国学者外,还有以色列驻上海领事馆领事、美国犹太人协会代表等,一时风生水起。我先后撰写了《犹太学刍议》(《同济大学学报(人文社科版)》创刊号,1990年),与其他学者合著了《上海犹太人》(上海三联书店1992年版)。后来我去同济大学工作后,曾在《同济大学学报(人文社科版)》上开辟了犹太人研究的栏目。研究会还组织学者撰写了"犹太文化丛书",由顾晓鸣担任主编,先后出版了近10本犹太人研究书籍。再后来由于工作调动等原因,我没能继续进行犹太人研究,深感遗憾。

其三,提倡延安学。1987年,上海市延安精神研究会成立,我被推选为理事。为了深入研究延安精神,提高学术质量,我做了一些调查研究,撰写了《延安学刍议》,阐明建立"延安学"的必要性和条件已经成熟的可能性,从9个方面提出自己的构想,如可从延安内部条件的历史地理学与人口学方面、外部条件的封建军阀统治和陕甘宁边区的建立方面进行深入研究,特别是对延安精神的总结提炼等建议。此文得到了学术界的认可和响应。1992年,应西安交通大学和延安大学的邀请,我带了两名研究生前往开展学术交流。同年,延安大学即成立延安学研究所,并出版了《延安学研究》。后来全国各地成立了几十个延安精神研究会,中央亦成立了延安精神研究会,由李铁映任会长。延安学的论著纷纷发表,成为社会主义精神文明建设的重要内容,并取得了较丰硕的成果。

其四,海外访学。我在上海大学工作期间,曾经两次到海外访学,一次是前往中国香港,一次是去美国。

香港讲学是在1985年,应香港储能学院邀请。这是上海大学文学院第一次派出学者作对外交流,亦是我第一次赴海外进行学术交流。考虑到当时的香港方面容易接受,因此我讲学时开设的课程是"国共两党合作史",后在此基础上,我应浙江人民出版社之约请,与另外两位学者(王关兴、邹荣庚)共同撰写了《两次国共合作史稿》,于1989年出版。出版时,特地请周谷城教授题字。

在储能学院讲学期间,又到浸会学院与香港中文大学演讲并参观访问。应该说学术交流很成功,香港报刊还作了报道。从香港回来后,我又请储能学院的教授来我校访学。

1986年,应美国纽约市立大学的邀请,我前往该校讲学。我去美国访学的缘由同当时上海大学办的留学生短训班有关,因为这个留学生短训班,上海大学同国外的大学有了联系,上海大学文学院开始有了对外学术交流。那一年有四位学者去美国交流,我是其中之一。讲学期间,我开设的课程是"中美关系史"。这是应对方提出的要求开设的,我也欣然应允。因为我原是读政治系国际关系专业的,对中美关系有兴趣,看过一些书,也做过一点研究。1985年在北京召开的"纪念抗日战争胜利40周年学术讨论会"上,我还作过"抗日战争与中美关系"的报告,同时高等教育出版社还约请我主编《中国近现代对外关系史》,所以开设这门课程还是有些基础的。我在纽约市立大学的皇后学院(Queens College)政治系开设一门课程"中美关系史",讲一个学期。我的英文虽然不够熟练,但是可以交流,况且还有翻译。教学效果也比较满意,与学生相处亦很好,有位学生还送给我一件Queens College的球衣。1987年4月,我回上海。纽约市立大学后来又曾发出邀请,邀请我继续上课,但当时出国限制很多,办出国手续也繁琐,因此我后来就放弃了。

这两次海外讲学,给我印象最深刻的是香港和美国的现代化程度。小小的香港,市场繁荣,交通发达,人们生活舒适。而当时的纽约已经高速公路四通八达,地铁深达三层,飞机航线遍及全国各地,纽约曼哈顿十分繁华,还有众多的学校、博物馆,商品丰富价廉,人们的生活自由自在。这在20世纪80年代的中国是难以想象的。这更坚定了我对中国未来必须实现现代化的信念。

在复旦大学分校和上海大学历史系的十年时期,虽然办校的硬件较差,然而心情倒是很舒畅,这主要是由于同当时的领导关系比较融洽。以李庆云同志为代表的领导班子,对工作认真负责,对下面的同志信任、关心和支持,这使我们就对学校这个集体很关心,也肯力出,院系领导班子团结起来共同创业。例如,学校创办学报,我们就支持,多投稿;要办社会学系,就把正在复旦大学读周谷城教授博士研究生的顾晓鸣调来工作,为此,我还到北京去找时任全国人大常委会委员长的周谷城先生,在征得他的同意后,请顾晓鸣一边在上海大学工作,一边继续攻读博士学位;社会学系办《社会》杂志,我被推选为理事,我还陪同李庆云等去外地召开座谈会,到处征稿;学校不久创办涉外教学,招收外国留学生,我也为这些学生上课;等等。

十、最后的归宿:同济大学(1989—1996年)

1989年年末,我由上海大学调往同济大学工作。调同济大学工作,主要是由于时任同济大学社会科学系系主任陈经璋、副系主任宋祖彰的再三邀请,并且说校领导要加强文科建设,有意邀请我前往,而我中学时代的好友、当时在社会科学系任教的张立耀老师亦来相邀。而此时我在复旦大学分校和上海大学工作已十年,老领导李庆云书记已退休,文学院从一个相对独立的学院变成为上海大学属下的一个学院,而且不是很受重视的学院。同济大学的邀请,使我顿时意识到环境条件已经发生变化,而且自己也已经59岁了,是退下来的时候了,我也很想过安宁的生活了,因此我就答应了,但条件是我只当老师,不兼任什么职务。多年来我一直是"双肩挑",觉得很累。

到同济大学的第一年,只单纯做个老师,上好课后主要的事情就是看书写稿,再做一些学会的工作。可惜好景不长,1990年年底,同济大学校党委正、副书记亲自到我家找我谈话,要我出来担任社会科学系主任工作。对此我再三推辞,最后两位书记说这是组织决定的,你考虑吧。我也就没话可说了,这样1991年起,61岁的我开始担任同济大学社会科学系系主任,直至1996年66岁时退休。

到了同济大学后,我深感文科建设的迫切,因为当时同济大学只有一个由政治理论课教研室改名的社会科学系,而且教师当中正高级职称一个都没有,这与全国著名的大学太不相称。我考虑文科建设应先从社会科学系开始,先从调动全系教职员工的积极性做起。我到各个教研组开座谈会,调查情况。在了解了情况后召开全体教工会议。会上我提出了五年学科建设的规划,要求大家在搞好教学的前提下,要进行科研,强调不进行科学研究是不可能提高教学质量的。因此会后就建立了社会文化研究所,我兼任所长,要求大家参加,撰写科研论著。当时的设想是在五年内先后设立硕士点和博士点,争取有副教授、正教授的授予权。这个规划使大家有了明确的奋斗目标,感到有希望、有前途,教学与科研的劲头就上来了。

与此同时,还必须做校领导的工作,说明文科建设在理工科学校的重要性与迫切性。我认为加强文科建设,应恢复文法学院,因为当时社会科学系老师主要承担全校的政治理论课教学工作,学校领导对社会科学系不大重视,加上因科研不受重视,老师们的著作也极少,评职称自然就比较困难,积极性不高。而校领导精力主要放在抓土木工程、城市建设与规划等精品学科,亦无暇顾及文科,甚至有个别领导认为加强文科建设,就是使工科学生对政治课反映少一点,学生肯在课堂中听课,能写个像样一点的报告,就可以了。因此我就趁参加校务会议之际,大力呼吁加强文科建设对同济大学的重要性和迫切性,强调了学校建设应该是科学的实用主义与理想的浪漫主义相结合,实际情况是复旦大学理想的浪漫主义多了一点,而同济大学是实用主义多了一点,因此在有些方面同济大学就吃亏了,这就是因为同济大学没有文科。经过多次反复呼吁,终于得到了多数领导的认可,特别是得到沈祖炎副校长、吴启迪副校长与贾岗副书记的支持,沈校长提出建立文法学院,我即应声接受任务。

有了设想与规划,就得做出实际业绩。我认真准备申报中国革命史硕士点材料,亲自去北京拜访有关领导和专家,诉述申请内容与理由,得到支持。于是中国革命史硕士点很快批下来了。这是同济大学文科第一个硕士点,亦是学校招收文科研究生零的突破。1991年即招收了第一批硕士研究生。有了硕士点,随即获得了副教授的评审权。

接下来的一个难题是如何筹建文法学院。当时的社会科学系的人才和资源都太缺,要在短时间内建立,谈何容易。我一方面积极引进教师,另一方面从社会科学系着手,在原有的经济教研室中抽出部分老师筹建经济系,在文艺教研室基础上筹建文化艺术系,在法学教研室基础上筹建法律系。这遇到困难不少,如由于学校曾经向高教部申请建立法律系没有批准,这次重新向高教部申请,就必须重新认真准备好申请材料,我还要亲自到北京去做工作。好在我于1946年就入学上海法学院读书,后来又在华东政法学院工作过,认识一些法律界人士,这样就获得了高教部的批准。法律系成立后,由我先兼任法律系主任。经济系建立时,校领导说没有经费,我们就说不要经费,只要校领导同意建立,表示决心。后来建立起来了,学校还是支付了教师的工资,其他经费我们自己设法解决。还有一个重要方面是整合学校内的有关文科的机构。我亲自到每一个单位游说,阐明加强文科建设和成立文法学院的重要性与必要性,并帮助他们处理了一些问题。经过一段时间的工作,一些系终于同意合并到文法学院,这样文法学院就有了10个系所:社会科学系、法律系、经济系、文艺系、外语系、德语系、德国问题研究所、高等教育研究所、日本问题研究所、留德预备部。原来还打算建立社会学系,因没有得到校领导的同意,只好作罢。至此,文法学院的架子总算搭起来了。

文法学院架子有了,更主要的是充实内容,这个困难就更大了,需要多与外界联系,吸引人才来校;还要求本校教师努力搞好教学与加强科研,而系领导则要解决老师的职称晋升。于是,我就努力解决这些问题,到处物色合适的教师,到校人事处师资科要求调进教师和争取职称名额。人事处和师资科的同志看到我这样白

同济大学文法学院成立大会上与法律系教师合影

发苍苍的人还要东奔西跑,到处求人,很是感动,就基本上答应了我提出的请求。就这样调进了一些教师,如从上海理工大学调进吴东明老师,担任经济系主任,后来又扩大成立了商学院;调进留德博士王维达,不久担任法律系系主任;由复旦大学施岳群副校长介绍赵雯老师,我亦把她调进到会计专业,后来赵雯老师先后担任系主任和校长助理,又调到市里当上海市副市长,现为上海市政协副主席。

在职称晋升上,我极力争取,如给我1~2个名额,我就争取2个上报;给我0~1个名额,我就争取1个名额,并在校职称评审会议上做好经过充分准备的汇报,都能顺利通过。社会科学系老师都很满意,初步解决了教师学术梯队问题。

即使做了这些工作,但短时间内还是不可能把文法学院的学术力量做到很强。我开始设法借助社会力量,又到上海各高校和科研单位联系。由于我曾经工作过的单位多,经过恳切请求,不少单位的学者都答应担任同济大学文法学院兼职教授。这些兼职教授包括:复旦大学党委宣传部部长秦绍德(后任复旦大学党委书记、上海市社联主席);上海社会科学院党委书记严谨;华东师师范大学党委书记徐豫龙;上海师范大学校长王邦佐;交通大学党委委员、马列主义教研室主任叶敦平;华东政法学院教授、上海社会科学院法学研究所所长齐乃宽;华东师范大学教授钱谷融;上海大学教授邓伟志;上海大学中文系系主任吴欢章;复旦大学教授蒋家俊;上海财经大学教授王松年;华东理工大学教授许福闵;上海著名大律师李国机;著名音乐家赵鹏;著名昆曲演员梁谷音;时任中共上海市委宣传部部长金炳华亦是兼职教授,他后来专门向我校学生作报告,以尽兼职教授之责。以后又陆续聘请了不少兼职教授,使文法学院大大增添光彩。

1993年,文法学院成立大会召开,上述这些兼职教授大多出席。同济大学的正副校长、正副党委书记亦大多到场,确是个群英荟萃的大会。我还专门请了上海电视台记者到会采访拍摄。这个成立大会起到了轰动效应,让上海各界知道同济大学成立了文法学院,这是上海理工科类大学中建立的第一个文法学院。此后,上海的一些理工科学校亦纷纷建立了文法学院。在交通大学文法学院成立的大会上,当时任中共上海市委宣传部副部长的尹继佐同志在大会上讲话时点着我说:唐培吉同志,你们同济大学是第一个成立文法学院的,做了个榜样。

同济大学的文法学院是建立了,但新建的各个系如何开展工作、加强建设,迫切地摆上议事日程,于是就得与各个系研究工作规划。

文法学院建立了,各系的师资队伍亦有所加强,又有了一批著名的兼职教授,这就需要有个学术阵地。我向校领导提出创办《同济大学学报(人文·社会科学版)》,得到了校领导的支持,并由党委副书记贾岗担任主编。可是要办好学报必须有特色的栏目和有质量的稿件,这又是个难题。我特意邀请了城市规划与建筑学院的阮仪三教授,德语系的赵其昌教授,经济管理学院院长尤建新教授、院长办公室方耀楣副教授等担任副主编,共同商议办刊的方针大计。经过反复研究,决定开辟建筑文化、德国问题研究与德语教学、经济与工程管理等同济特色的栏目。我这时正担任犹太学研究会理事长,于是又开辟了犹太学栏目。这些栏目既有特色又有吸引力。接下来的问题是组织稿件,这又得四处约稿,学报编辑部编辑陈才德同志和谢闽同志,出力很多。经过一番努力,文科学报办得不错,不久即获得了正式公开出版的刊印号。《同济大学学报(人文·社会科学版)》亦成为上海理工科大学中第一本文科学报。

同济大学文法学院恢复了,师资队伍开始充实了,学术阵地亦有了,在社会上有了一定的影响,可以说初具规模了。这个筹建过程,可以说克服重重困难,终于到达彼岸。

在党和国家的改革开放的方针指导下,学校与海外的学术交流开始兴起。我应邀去日本横滨大学讲学,由伊东昭雄教授接待。在横滨大学我演讲了两专题,一是第二次中日战争,二是上海犹太人。我详细地摆事实证明日本侵略中国的意图是蓄谋已久,听讲的师生都默认了。我讲了中犹友谊,与日本师生有共同语言,因为日本亦没有反犹的思想和行动,而且对犹太人有好感。讲学很成功,伊东教授亲自陪我乘新干线到大阪。我邀请伊东教授来同济大学文法学院讲学,果然次年伊东教授即来文法学院讲学。我应大阪师范大学田中芳美教授邀请去讲学,并商议两校如何开展学术交流,我演讲"中美关系的发展与前途",师生们表示赞同。双方商定了今后学术交流的一些计划。可惜我退休了,这计划没有实现。这是我为文法学院做的最后一件事。

1996年年初,时任校党委副书记周峥找我谈话,我懂得到了

《同济大学学报(人文·社会科学版)》

该退休的时候了,这一年我已经66岁。我当时推荐上海大学邓伟志来担任文法学院院长,他答应了,同济大学校领导亦同意了,并见过面吃过饭,还召集文法学院中层干部开过见面会,介绍了邓伟志教授。可是钱伟长校长为了保护上海大学的软实力,推出了"上大十大名教授"之举,邓伟志在内,并专门找邓伟志谈话,说你不要走,你有什么困难提出来,我们帮你解决。邓伟志经过思想斗争,最后决定不来同济大学了,向我打招呼,表示对不起,使我哭笑不得,只好作罢。后来就由社会科学系系主任孙其明接任院长之职。

十一、学会工作(1988年至今)

1996年2月,我退休了,但是深知作为一个共产党员是不能退休的,因为在入党宣誓时,要为社会主义、共产主义奋斗终身!我作为一名教师,深刻理解教师的神圣使命。我人生座右铭是"求救国救民的真理,做爱国爱民的实事"。所以,退后没有在家养花弄草,周游世界,而是全身心地投入撰写学术论著和各种社会活动。从退休至今,已发表著述60多部(篇),为大中小学学生、老师、干部等作过近百场学术讲座与报告,同时,积极参与上海市社联各学会的活动。

由于教学与科研工作的关系,我很早就参加各种学会,不仅参加历史学会、党史学会,还有政治学学会、法学会、哲学学会以及延安精神研究会、宋庆龄研究会、毛泽东思想研究会、行政管理学会等,我也都参加。另外,我还参与创建了上海市新四军暨华中抗日根据地历史研究会和上海市犹太学研究会。我认为参加各种学会的学术活动,可以对有些学术问题起到集思广益的作用,能使问题研究深入,最后获得丰硕成果;更可以学习与吸收他人的学术研究成果以提高自己、丰富自己;此外能加学术活动可以结识一些学界朋友,亦是很好的。事实上我参加学会学术活动后,确实得益不少,很有收获。可是由于工作较忙,一般只是参加学术交流活动,没有介入学会工作。

1. 上海市中共党史学会

1986年,时任上海党史学会会长的江岚找我谈话,邀请我参加党史学会,协助他做些工作。我理解他的难处,因为他的主要职务是中共上海市委宣传部副部长,并兼中共上海市委党校副校长、上海市对外文化协会副会长等许多职务,把很多精力放在党史学会是力所不能及的,况且他年事已高。他是我在华东局工作时的老领导,他平和待人,没有官架子,能正确对待知识分子,所以我也愿意为他分担一些,于是答应他参加党史学会的工作。

学会是群众性的学术团体,除了上海市社联直属管理的8个学会外,其他学会的经费是由学会自筹的,因而经费极为拮据。开一次学术研讨会的会场费与茶水费都得自己解决,出版一本论文集的经费亦得自筹。如果想请一位专家来作一场学术报告,专家的报酬更要自己解决,至于学会工作需要来回联络的路费,当然也是自掏腰包。最主要的是要组织一次学术讨论会,得花大量的时间和精力做好准备工作,如一次北京、天津、上海三个直辖市的中共党史学会、中共党史研究室、党校三个单位的学术讨论会,事先要邀请,请京、津、沪三个直辖市三个单位负责人召开筹备会议,然后发出征文通知,组织稿件,还需要请专家进行评审,选出较有质量的稿件,然后通知论文作者出席会议。更要事先选定租赁会场,筹备一笔会场费,商议会议的日程。开会前组织好来宾的接待,安排好住宿吃饭和交通事宜。会议中还得安排参观活动,会议结束后得送各地学者安全离开上海,最后还要把会议论文设法付印出版,一次会议的工作才算结束。这必然会影响自己的教学和研究,所以做学会工作是一种付出,说好听点是奉献。

我参加党史学会工作后,1989年曾陪江岚同志出席"华东六省一市党史学会协作会议"在江西吉安召开的学术讨论会。一路由井冈山到吉安、永新,再到南昌和瑞金,使我们对中国共产党从秋收起义到井冈山根据地创建再到中华苏维埃人民共和国成立的历史,有了一个较为系统的感性认识。同年,我与王世根同志(上海中医学院教授)去北京参加"全国党史工作会议暨全国中共党史学会第二届理事会",会上我当选为全国党史学会理事,并作了"上海市中共党史学会五年工作情况汇报",开始在全国党史学界有了一定的地位与话语权。

1990年,我协助江岚同志筹备北京、天津、上海三个直辖市党史学会、党史研究室、党校联合在上海召开的学术讨论会,即"纪念中国共产党诞生90周年学术讨论会"。这次会议于1991年5月在上海召开,到会专家学者达一百余人,这是党史界的一次盛会,提高与扩大了上海党史学会的地位与影响。

1991年9月,由我参与组织上海市中共党史学会会员(163名)集体撰写的《中国革命与建设史辞典》出版,我亲自赴北京,请中央党史研究室副主任廖盖隆同志撰写"序言",并请周谷城副委员长亲写书名。这本工具书的时间跨度为1840年鸦片战争起到1990年社会主义建设新时期,字数100万。全书分12部分,依次为总论,党派社团,会议,理论·路线·政策,历史事件,军事,政权·根据地,经济,文教科技,报刊·著作,外交·国际关系,人物。涵盖革命时期和建设时期,时间跨度150年的大型工具书,这在当时尚属首创。廖盖隆在"序言"中明确指出:"这对学习研究中国革命史和社会主义建设中共党史时参考和查阅之用,无疑是会大有裨益的。"他还引用了胡耀邦同志1981年12月在一次会议上的讲话:"中国从19世纪中叶开始,逐步沦为半殖民地半封建社会。经过100多年,到20世纪中叶,中国发生了一个社会大变动,进入了社会主义时代。从这以后,再过100多年,大约要到21世纪中叶,我们国家才有可能再来一个经济和社会面貌的全面的根本的大变化,站到世界的前列。所以,社会历史的进程,决定了我们中国人民这两个世纪内,要多吃些苦。苦一点有什么了不起!艰难困苦,玉汝于成。这两个世纪,正是中华民族大变化、大前进的两个世纪啊!"这是多么意义深远的英明论断。这亦是廖盖隆同志对上海中国革命史、中共党史专家学者的激励。

《中国革命与建设史辞典》

是年,我应上海市委党史研究室之约,撰写《中共党史研究近况》,在《党史信息报》1991—1992年连载31期,长达10个月之久;后又由上海《党校文献情报》以《中共党史研究的十年动态》为题,连续刊登于1991年第4—6期,为全国党史学界重视。这是对党的十一届三中全会以来对中共党史研究动态的一次大汇总,跨度极大,从党的创建一直到"文化大革命"。我花了极大的精力,用以搜集资料、挑选整理、专心研究、认真撰写,成为这十年来中共党史研究动态最完整的版本,在学术界有很大的影响,并有重大的现实意义。

我写中共党史研究动态是针对当时的资产阶级自由化,反映在党史领域主要是:(1)以党史为题材搞所谓的纪实文学作品,如《乌托邦祭》《康生外传》《林彪传》《江青和她的机要秘书》等,值得注意的是作者苏晓康、林青山等均不是党史工作者,全面歪曲党史、捏造事实,又加以文学描绘,具有欺骗性和蛊惑性,危害极大。(2)借助学术批斗为名,向党挑战,如金观涛写的《全面批判刘少奇〈论共产党员的修养〉》、刘晓波写的《选择的批判》等,恶毒攻击党和党的领导。(3)在动乱中张贴的大字报、小字报,如《共产党

《党校文献情报》(1991年第4期)

描述》《对共产党历史的反思》等,恶毒攻击党史和党的领导。(4)在党史教学和研究中出现反常现象,对民主革命的胜利研究少,对出现的曲折和失误研究多;对社会主义改造和社会主义建设的成绩研究少,对出现的失误讲得过多;对马列主义在中国的传播、胜利和发展宣传得少,对传播中出现的问题讲得多;对共产党领导加以贬低甚至否定,对国民党的作用则加以夸大和歌颂。因此,目前党史史学界的重要任务之一,即清除资产阶级自由化思潮在党史领域中的消极影响。《中共党史研究近况》的发表起到了拨乱反正的作用。所以,中共上海市委党校主办的《党校文献情报》邀我以《中共党史研究近况》为底本进行内容整合,以《中共党史研究的十年动态》为题,进行连续刊登。

在江岚同志领导下,上海市中共党史学会(简称"党史学会")与上海市委党史研究室(简称"党史研究室")建立了密切的协作关系。由于会长江岚是中共市委宣传部副部长,所以他们派一位党史研究室主任或副主任担任党史学会的副会长,以便沟通情况讨论工作。这种人事安排亦是全国独一无二的。党史学会能得到党史研究室的大力支持,成为全国两个单位关系最好的范例。由学会创办的《党史信息报》由于条件限制无法继续办下去,就由党史研究室接办。江岚同志能正确把握政治大方向,在1989年的政治风波中,上海市党史学会没有参加任何"动乱活动",外面游行虽然热火朝天,但党史学会全体常务理事坐在社联会议室讨论中共中央的指示和《人民日报》的社论。

  1988年,我被推选为党史学会副会长,并为社联委员。1993年,江岚同志卸任,我接替担任党史学会会长。我这样身份的人担任党史学会会长,这对党史学会来说,是一个转变或突破。因为前两任的会长都是由中共上海市委宣传部部长或副部长担任的,也许因为我曾在中共中央华东局宣传部和中共中央党史研究室工作过,才能担任会长,当然要战战兢兢、认认真真地工作。从这一届开始,原来担任学会副会长的马晴波(上海警备司令部副政委)、叶尚志(上海市委组织部副部长)、陆志仁(上海市委党史研究室副主任)、李佐长(原上海市委党校副校长)、余立(上海市高等教育局局长)、迟鹏(上海市委党校副校长)等老同志都担任学会顾问,由一批高校、党校教师担任副会长,如党史研究室副主任张文清、复旦大学的吴景平、华东师范大学的翟作君、上海师范大学的郭绪印、上海中医学院的王世根、仪器仪表局党校副校长方开淇都担任副会长,秘书长由上海市委党校的朱华担任。这是个全新的班子。

  1993年7月5日,党史学会新工作班子召开会议,拟定了工作计划。我认为学会能否办好,是看会员是否对学会感兴趣,来参加活动,而这主要是要提高学会学术活动的质量,使会员参加会议后感到有所收获。会议决议了这几项:一是学会名称,增添"中国现代史学会",目的是既可扩大研究领域,又方便对外交流。我去过海外访学,认识到开展国际学术交流的重要性,希望党史学会也能够开展国际学术交流,但是使用"中共党史学会"有不便之处,未曾考虑增添这个名称,可能会引起其他学会和一些人的误解,因此不久这个名称就取消了。二是印发学会会员学术情况调查表,了解会员的学术研究情况,便于组织学术活动和会员行使自己的权利,加强会籍管理,使学会更有组织力和战斗力。三是建立和健全各专业委员会。高校中国革命史教学研究会由王世根负责,党建和党务工作研究会由方开淇负责,党史人物研究会由翟作君负责,社会主义时期党史研究会由张文清负责,民国史研究会由郭绪印、吴景平负责,邓小平理论研究会由王世根、钟家栋负责,后来又增加抗日战争史研究会和陈独秀研究会,共8个专业委员会,使学会的学术活动能力大大加强。四是组织力量加强各种类型的学术活动、纪念活动和内外交流活动,让学会更加活跃起来。五是建立学会的学术成果评奖制度,以激励会员进行学术研究的积极性。

在制定了学会工作规划后,我主要做了以下几项工作:

(1) 团结好学会的领导班子。党史学会副会长、秘书长都是各单位系室负责人或资深教师,而且是学会下属各个专业委员会的负责人,我必须谦虚诚恳地团结他们,才能使班子齐心协力地搞好学会工作。因为每位同志都是无私奉献的,应该说党史学会班子是很团结的,没有拆台的,能团结一致克服困难,力图把学会搞好。

(2) 学会工作要提高学术活动质量,才能使会员积极参加,学会亦就活跃发展起来。如1995年学会联合上海市社联、上海市委党史研究室、市委党校、上海社会科学院和宝山区委组织了"纪念抗战胜利50周年学术讨论会",我还特邀包括中国社会科学院中国近代史研究所所陈铁健同志在内的外地学者参加。会议由宝山区委承办,并由区委书记主持,上海市委副书记陈至立、宣传部部长金炳华、副部长龚学平以及老同志韩哲一、李储文、夏征农等参加,可以说是上海学术界一次空前的盛会。我在会上作了主题发言,题目是"抗日战争与上海",论述了上海在抗日战争中的地位与作用以及上海抗战的发展过程和规律,得到了与会学者和领导的认同。

同时,学会积极参与社联组织的各种学术活动和研究项目,如"社会科学争鸣大系""纪念中国共产党诞生 70 周年""毛泽东思想研究大系"等,党史学会都参加撰写。社联组织的大型学术活动,党史学会都积极投稿,并争取在会上发言,这样党史学会逐步成为活跃的有影响的学会,得到社联重视和支持,不久就被评为优秀学会,后又成为社联的"内学会"。

(3) 组织领导会员加强学术研究。1990 年,党史学会经过讨论决定组织会员撰写"上海抗日战争史丛书",向上海市社联申请为重点研究课题。经过 5 年的共同努力,终于 2001 年完稿并由上海人民出版社出版。这部丛书共 10 卷,参与会员 20 余位,是全国第一部地方抗日战争全史,获得上海市哲学社会科学优秀成果奖著作一等奖。这是党史学会获得的第一个一等奖。党史学会在学术界的地位与话语权也更上一个台阶。

(4) 党史学会的工作亮点之一是参加组织华东六省一市党史学会的每年一次的年会。这个年会由每省市每年轮流做庄。由于我担任了全国党史学会的常务理事,我更有义务把每年一次学术讨论会开好,不仅组织上海的学者积极投稿、参加年会,我还积极参与组织工作,在大会上除了发言,还要作大会总结。每年一次的华东六省一市的学术讨论会一直持续了三轮,坚持共 21 年。这是其他地区没有的,得到了全国党史学会和业内学术界的称赞。

(5) 党史学会的另一个亮点是与上海市委党史研究室建立密切的合作关系。首先是尊重党史研究室的领导,凡研究室提出的任务,学会积极响应与参与,如研究室特聘的特约研究员,大多数是党史学会会员;研究室组织的一些项目,党史学会主动接受任务,努力完成。其次是邀请研究室领导人担任学会的副会长,以便随时沟通与配合,更重要的是党史学会一些学术活动或设想都及时向研究室请示汇报,听取他们的意见,争取他们的支持,许多学术活动都是联合举办。党史学会和党史研究室良好的关系是全国其他省市都没有的,可以说是全国做得最好的。

(6) 力争将中共党史从历史学科中单列出来,极大地有利于党史学科的发展。这可以说是最大的贡献。中共党史是一门新课程,通常是作为政治理论课,在学科定性上是有分歧的,有的认为应归在政治学科中,有的认为应放在历史学科中。在教育部学科分类时将中共党史归在政治学科中的二级学科,迄今为至仍是如此。可是上海市哲学社会科学规划办公室在科研项目列项时,则把中共党史归在历史学科内;在评定成果奖项时亦把党史放在历史学科内。这些规定执行的实际结果对中共党史是很不利的,因为政治学科的学者认为党史不是政治学科,把它放在一边,而历史学科的学者往往看不起党史,把它打入另类。所以,申请科研项目时,党史学者的申请大都比较难获得批准;成果评奖时,更没有党史学者的份;教师的职称评审亦受影响;即使是申请马列主义著作出版基金资助,党史学者的书稿也比较难获得批准,因为评审的学者多是历史系的教授。这是非常不公正、不平等、不合理的,极大地挫伤了党史工作者的教学与科研的积极性,极大地影响了党史学科的发展。

我设法解决这个问题,我认为最好的方案即将"中共党史"作为一门学科,在学科中单列,不列入政治学科或历史学科。为此,一方面趁去北京开会的机会,我与北京师范大学教授、北京市党史学会会长张静如商议,动员他向北京有关方面提出申诉,同时我到党史研究室和出席中国党史学会会议时提出要把中共党史作为一门学科来对待,使党史学科单列。另一面,我又向当时上海市委宣传部理论处处长朱敏彦反映情况。朱敏彦是上海师范大学中国革命史专业毕业的学生,是当时上海师范大学校长王邦佐的得意门生。我同他一起合作写过书稿,因此比较熟悉。我就向他提出应把中共党史作为学科单列。他接受了我的意见,即开始做工作。

经过多方努力,上海市哲学社会科学规划办公室将中共党史作为一门学科单列出来,这为中共党史学者向有关单位申请科研项目、申请出版资助和论著评奖开辟了一条新路。我总算作了一点贡献。

2003年,我担任党史学会会长已经满两届,已经年过70岁,于是决定退下来,由空军政治学院教授张云同志接任。

2. 上海市新四军历史研究会

1993年,在我被推举为党史学会会长的同时,又被市里任命为新四军历史研究会的副会长。新四军历史研究会与其他学会不同,它是由新四军老战士和高校、党校教师组成,领导班子大都是老战士,亦都是各单位的领导。我是参与创建这个学会的,是历届理事,后来看到学会发展偏离了学术研究的方向,就较少参与活动了。1993年,由于研究会的领导班子出了问题,中共上海市委十分重视,经过书记处办公会议讨论决定改组学会领导班子,任命了新的领导班子。会长肖卡原来是上海市委秘书长,兼负责上海工业方面的老领导,副会长王维原来是上海《解放日报》总编辑,范征夫原来是上海市委统战部副部长,蔡园原是空四军副军长、红军时代的老战士,何成原是老机电局局长,陈扬是中共中央华东局《华东通讯》主编。为了加强学术研究活动,还任命了两位高校教师任副会长,即华东师范大学的林炯如、同济大学的唐培吉。另有胡立教、夏征农担任名誉会长。这样的学会领导班子在所有学会中是绝无仅有的。学会的经费亦是由上海财政局专项拨款,每年有六七十万元。这样巨大的学会经费亦是所有学会中独有的。因为学会办有期刊《大江南北》,不定期地举办老战士书画展,要办陈毅杯围棋赛,还有老干部合唱团、江淮歌舞团、新安旅行团等文艺团体进行活动,更要抢救史料,对老战士进行访谈,并进行拍摄录音。会员有几千人,开一次代表大会就要几百人,每次学术讨论会都在60~100人。这样开销就大了。

新四军历史研究会当中高校教师身份的副会长变动较频繁，如林炯如调任上海大学副校长，工作很忙，就不大参加会议和活动，后来换成了华东师范大学的邬正洪教授，以后上海师范大学的李培栋教授和施渊脉教授都曾担任一届副会长。由我提议，又增加了宋祖彰任副会长。我自己连续担任了四届副会长，这是少见的。因为这个学会的主要会员是新四军老战士，都是上海各个方面的领导干部，这与其他学会是十分不同的，工作方式亦完全不同。我主要的工作是维护老战士和教师两支队伍的结合，把握住学术活动，不偏离方向。肖卡会长能正确掌握大方向，注重学术研究与活动，后来因生病，就退下来，由阮武昌继任会长。阮武昌会长有时不太注重学术研究，更重视宣传教育工作。我坚持抓住学术活动与研究，并争取到副会长兼秘书长张文清同志的支持，把每年参与学术活动的论文汇编成论文集，予以出版。经过争取，组织出版《新四军研究》学术论文集，每年一辑，先后由上海辞书出版社、上海人民出版社出版。《新四军研究》主要刊登专家评审的具有学术价值的论文，我担任主编。自2009年开始，迄今已出版了8辑，社会反响很好。这样的学术论文集，在全国所有新四军研究会中是唯一的。我倡议组织大型的全国性的学术讨论会，以加强学术研究和扩大与提高学会的影响。在学会有关领导同志的支持下，于2013年、2015年与上海市委党史研究室联合连续举办全国性的关于"新四军与上海"学术讨论会，中共中央党史研究室副主任李忠杰出席会议并作主题报告，全国新四军研究会主要领导人和学者出席，之后进行分组讨论。会议整整开了两天，称得上是新四军研究会最为隆重而盛大的学术讨论会，社会影响很大。会议之后，出版《新四军与上海》论文集，上海市委书记韩正为论文集写序、朱文泉上将的讲话作代序，迟浩田大将、邹家骅副总理、万海峰将军等题字。2017年和2019年继续举办研讨会，并在会后出版专题论文集，这已经成为常态了。

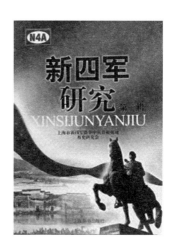

《新四军研究》

2012年我已担任学会副会长四届了,正值换届,我顺势退下,不再接受挽留,由张云同志接任。现在我仍然是新四军历史研究会顾问兼《新四军研究》学术顾问。

此外,学会工作还有一项,就是犹太学研究会。研究会成立后,开局很好,不仅举办了不少国内、国际的学术讨论会,美国、以色列等的犹太学者、以色列驻沪领事馆都积极参与,还办了一份《以色列动态》,出版了"犹太文化丛书"。朱威烈同志在担任一届理事长后,推举我担任理事长。现在看来是着错棋。因为我是研究中共党史和现代史的,缺少一支犹太学的研究队伍,我到同济大学工作后亦物色不到志愿从事犹太学研究的学者。而潘光是搞世界史的,且在上海社会科学院世界史研究所有支研究队伍。不久,他即在世界史研究所成立了"犹太研究中心",开展活动,不再参加犹太学研究会的活动。秘书长金应忠亦对犹太学研究会不太积极。我感到没有必要形成两个中心唱对台戏,这样犹太学研究会也就无疾而终。

凡是我参加的学会,都撰写过论文并参加其组织的学术活动。较多的是毛泽东思想研究会、延安精神研究会、宋庆龄研究会、中山学社等。由于精力与时间有限,对这些学会作出的学术贡献就少了,我感到有些遗憾。2010年上海市社联换届,社联送了一个银盾给我。上面写着:"感谢您对上海社联工作作出的重要贡献。特致崇高的敬意!"

2010年上海市中共党史学会编辑我的学术论文集《史苑拓耕》并举办学术讨论会,以祝贺我的80岁寿辰。

下篇

史苑拓耕

概　述

1978年以后,我开始在学术研究方面投入较多的精力。1978年党的十一届三中全会召开后,党的路线、方针和政策进行全面拨乱反正,一阵春风吹到了文化教育战线,教师不仅能安心地教学,而且有可能专心地进行科学研究了,我的学术研究工作就是从这个时候开始的。可是由于我的工作频繁调动,没有一个持续稳定的有利环境,不可能让我长期潜心研究历史科学的某一领域或某一分支学科,从而获得相应的成果。特别是每换一个新单位,既需努力体现自我价值,更要进行艰苦创业,必须以大量的精力与时间从事教学与行政工作,大大挤压了我的学习与研究的时间与精力,这是我最大的遗憾。我只能在工作不断变动中坚持学术研究不动摇,在教学和行政工作之余,挤出时间来做研究。我的研究领域往往随着工作的变动而变化,所以是分散的,更不够厚重。我的研究主要集中在中共党史以及抗日战争史、新四军史、中外关系史等中国现代史的一些领域。

我做历史研究的目的是学史、修身、资政、育人,研究的思想方法是既遵循辩证唯物主义与历史唯物主义,亦继承中国修史的优良传统。在中共中央党校和中国人民大学的学习,为我打下了马克思主义的理论基础,同时在上海社会科学院历史研究所、华东局理论班、复旦大学历史系、中共中央党史研究室等单位工作时,也逐步掌握了中国传统治史的基本方法。

中国修史传统渊源流长,有着世界上最为完备的修史制度和优良史风,史家具有治学严谨、锲而不舍、博大精深、秉笔直书的学风,重视史才、史学、史识、史德。这也是我做历史研究追求的境界。

我的研究说不上博大精深,但还能做到触类旁通(如我曾经提倡"上海学""延安学""犹太学""中共党史学"等研究)。历史研究要建立在史料基础上,搜集史料要尽可能发掘原始资料,并通过考证核实,使之翔实确凿,有根有据。历史研究要有哲学思维,应有唯物主义观点,对历史要实事求是,回归历史的本来面貌;要有历史唯物主义观点,认识到历史是由诸种因素合力而形成发展的,看问题要求全面,不能失之偏颇;要从生产力与生产关系、经济基础与上层建筑的矛盾运动是推动社会发展的基本矛盾,来研判社会的进退与发展;摆正社会活动中群众、政党、领袖三者的关系,正确处理个人在历史上的地位与作用等;要有辩证法,要看到事物的两面性或多重性,要看到事物会从量变到质变,要看到事物的对立与统一的辩证关系,不然就会形而上学、片面地看问题;更要独立思考,要出观点,做到论从史出,既不可以论带史,亦不可史料堆砌;撰写文字只重平直朴素,不求词藻华丽;要注意和掌握好学术研究和宣传教育的差别,学术研究可百家争鸣,宣传教育按政策规定。

自20世纪80年代以来,经过40年的耕耘,我总共撰写论著130种以上,约800万字。这些成果大致可以归为中共党史(中国革命史)、抗战史、新四军史、中国现代史、近现代中外关系史、犹太学、延安学和上海学等学科或研究领域。

一、中共党史(中国革命史)研究

20世纪60年代到90年代,我先后在中共中央党校、中国人民大学党史系学习,并在华东政法学院、上海社会科学院历史研究所、中共中央华东局理论班、中共中央党史研究室、复旦大学马列主义教研室从事教学与研究工作,因而较早地也较扎实地掌握了中共党史、中国革命史的基本脉络,能从整体上把握其发展历程和内在规律。近50年来,积累了大量有关史料,并进行潜心研究,出版了一批专著,主编和参编了一批教科书和工具书,发表了一系列的专题研究论文。

(一) 专著

《两次国共合作史稿》(1989年)。这部著作是在1985年我在香港储能学院讲学的讲稿的基础上,与王关兴、邹荣庚两位学者共同撰写的。这部著作较早对国民党和共产党在中国社会与革命中的地位与作用,进行了客观的评价。我在"前言"中指出,有些学者在"考察和解释中国近现代历史上的诸种问题,特别是国共两党之间的关系,往往失之偏颇,致使历史不够真实,成见日益加深,读者思想混乱,国际影响不良"。撰写此书的目的是实事求是地反映国共两党合作与破裂的历史事实,公正评价国共两党合作的历史地位与作用,客观总结国共两党合作与分裂的经验教训,以此鉴今。我对国共两党的评价是"国共两党都是中国近代社会发展的产物","国民党在先,代表资产阶级领导了民主革命;共产党在后,代表无产阶级领导了新民主主义革命。它们各自有着自己的

《两次国共合作史稿》

革命旗帜,有着自己的社会基础,拥有自己的军队和政权,有着自己的战略策略和政治经验,成为左右中国时局中的两大政党,这是中国其他政党所不能相匹敌的,也是中国近现代社会的特点之一。国共两党既是各自独立,又是相互制约的。在中国,重大的社会问题如果没有国共两党的参加,就不能得到很好的解决。特别是大敌当前,没有两党的合作,就不能克敌制胜"。在列举了国民党两次进行分裂后的中国局势后,得出"几十年的历史反复证明:国共两党,合则两利,分则两伤"。这样的论点不仅得到国内学术界的肯定,而且在多次国际学术交流中获得学界的认可。

这部著作中,我主要撰写第二次国共合作部分,亦有一些撰写心得:

一是关于国共双方代表的初步接触问题。根据当时搜集到的资料,全面详尽地叙述国共双方代表在莫斯科的接触、周小舟四次赴宁的使命、红色牧师董健吾"益国匪浅"的行动、张子华三次来回瓦窑堡、潘汉年和陈立夫在上海的会谈,这是第一次最翔实的披露,鲜为人所知晓,在学术界引起不小的轰动,后来的不少论著都参考这个研究。

二是关于第二次国共合作形成的原因。摒弃了各种偏颇的观点,提出第一是由于日本帝国主义要把中国变成它独占的殖民地,中华民族面临亡国灭种的严重威胁,富有革命传统和反抗外国侵略精神的中华民族强烈要求举国一致实行抗战,已经成为历史洪流。顺抗日者昌,逆抗日者亡,国共合作正是顺应了历史的潮流,符合中华民族的最高利益。第二是中国共产党倡导和推动的结果。1931年九一八事变后,中国共产党就号召停止内战,一致抗日;1935年又发表了"八一宣言"重申这一主张;是年12月党中央制定了抗日民族统一战线的策略;以后又根据国内外形势的发展变化,先后采取了"反蒋抗日""逼蒋抗日"到"联蒋抗日"的方针,并及时调整了有利于团结与发动全国各族人民参加抗日民族统一战线的方针政策,终于促成了国共合作的再度实现。第三是随着日本侵略步步深入,日本与英美诸国的矛盾日益加深,蒋介石与日本的矛盾日益尖锐,这就迫使国民党注意改善同苏联和中国共产党的关系;加上国民党内民主派的推动和张学良、杨虎城、李宗仁等地方实力派的促进,使蒋介石转向联共抗日。第四是爱国民主党派的一致努力,他们在1935年后通过各种途径,一再呼吁国共合作。这一客观论述得到国内和海外学者的共同认可。

三是国共合作在抗日战争中的地位与作用,我亦有自己的新的见解。第九章最后的一个小标题是"国共合作为基础的全民族抗战的伟大胜利",我写道:在探讨中国长期抗战取得胜利的原因时,我们认为国共合作、民族团结、坚持长期抗战是根本一条。我们并不抹杀国共两党合作期间的矛盾斗争,但是面临外族入侵、祖国山河破碎的非常时期,全国军民充分认识到,只有团结奋斗,共赴国难,才是中华民族救亡图存的出路。中国共产党始终不渝地高举抗日民族统一战线的旗帜,不论国共两党斗争如何激烈尖锐,始终把它局限于抗日统一战线内部,所以总的来说,两支抗日力量,是互相支援,共同抗击民族敌人。国共合作抗日,对"国家民族作出了巨大贡献"（引自廖承志给蒋经国先生的信，1982年7月25日《人民日报》）。

（二）教科书

1982年，高等教育出版社约请中央党史研究室、中共中央党校的老师合作编著《中共党史教程》，该书于1989年出版，作为卫星电视教育、高等师范大学、教育学院和函授、自学的教材，出版后又再版十多次。我撰写的是解放战争部分，其中有些是我研究的心得和学术上的见解。

（1）由于斯大林害怕第三次世界大战，为维护二战后的政治格局，他对美妥协，以致要求各国共产党对执政党的妥协，这也影响到中国共产党。斯大林也要求共产党对国民党妥协，毛泽东出席重庆谈判，就与此有关。

（2）国共重庆谈判和政治协商会议通过五项有利于和平民主协议的阶段，中共中央对时局估计比较乐观。在政治协商会议闭幕后，中共中央发出《关于目前形势与任务的指示》，提出"中国即将走上和平民主建设的新阶段"。基于这种判断，中央要求先后撤走江南8个解放区的部队，计8.7万人；要按照整军方案进行部队复员，仅晋察冀解放区的人民解放军由9个纵队20多万人，缩编为6个纵队10多万人，因而在解放战争中这支部队作战次数不多，而且战果亦不大，是因为缩编太多了，伤了元气。

（3）1945年9月确定的军事战略方针是"向北发展，向南防御"，促使许多南方根据地北撤。后来国民党军悍然发动全面内战，再改变为"巩固华北，争取东北，坚持华中"的方针，对东北亦发出《建立巩固的东北根据地》，提出"让开大路，占领两厢"的方针，才稳住了局势。

（4）关于《共同纲领》，认为这是新民主主义建设的大宪章，并指出《共同纲领》符合中国当时的国情，得到人民拥护。在新中国成立后的一段时间内，成为人民政府和全体人民的行动准则。

《中国党史教程》

我的用意就是对《共同纲领》加以充分肯定,寓意是1953年即开始进行社会主义改造,是过早了。

(三) 专题研究(代表性论文)

我对中共党史的专题研究主要成果是一系列的论文,时间跨度比较大,涉及政治、军事、文化、理论等多个方面。其中有总体性的论述,也有专门问题的深入探讨。

1. 关于建国前二十八年的中共党史的总体研究

1981年,《关于建国以来党的若干历史问题的决议》正式发行。我当时正在中共中央党史研究室工作。中共中央党史研究室为此组织宣讲活动,分配我宣讲《建国以前二十八年历史的回顾》。我先后在中共北京市委党校、中央一些部委进行宣讲(后又到南京、上海宣讲),反映良好,其他同志的宣讲亦反映良好。因此中央党史研究室认为"这些报告学员们认为对学习《决议》有帮助,现将这六个专题报告整理出版"。研究室认为"这些报告抓住了问题的中心,观点明确,引用了较充分的材料来阐述这次决议,并注意联系思想实际,针对性强,所有稿子经过廖盖隆同志审定"。同时,由于我参加编写《中共党史大事年表》,因此,我以后做中共党史研究,撰写论著,就是以《关于建国以来党的若干历史问题的决议》和《中共党史大事年表》这两本论著为基本的指导思想和研究方法,在进一步掌握的史料的基础上加以扩展和深入。

在《建国以前二十八年历史的回顾》一文中,我将1949年之前二十八年的党史归纳为以下十大问题:

(1) 党的创立给中国革命指明了方向;

(2) 党领导和推动了第一次大革命;

(3) 党高举继续革命的大旗,找到了农村包围城市最后夺取政权的正确道路;

(4) 遵义会议的召开是党的历史上一个伟大的转折点;

(5) 西安事变的和平解决成为时局转换的枢纽;

(6) 开展敌后游击战争,坚持长期抗战;

(7) 整风运动是加强党的建设、赢得革命胜利的决定性一环;

(8) 和平民主和保卫抗战胜利果实;

(9) 战略进攻和战略决战的英明决策,伟大历史转折点的到来;

(10) 将革命进行到底,新民主主义革命的伟大胜利。

我认为这十个问题高度概括了二十八年党的历史曲折发展的主要过程和内在规律,可以说是中国共产党领导新民主主义革命的简史。这是我长期从事中国革命史和中共党史教学与研究的积累与心得,观点客观正确,经过了时间考验。这篇论文不仅得到中共中央党史研究室的肯定并予以出版,而且获得上海市委宣传部和市社联颁发的第一届上海市哲学社会科学优秀成果奖(1976—1982年)。

2. 党的创建

1991年,为纪念党的诞生70周年,我撰写了《建党时期值得研讨的几个问题》,这篇论文主要是针对学界关于建党时期的一些观点发表自己的见解。

（1）对马克思主义在中国传播观点的辩（论）（纠）正。有些文章认为,五四运动后马克思主义的传播并没有在中国各阶级广泛地展开,仅仅局限在一小群知识分子中;马列主义在中国的影响,还不及实验主义、无政府主义和资产阶级民主主义来得广大;而马列主义传播中不但夹杂着一些非马克思主义的观点,并且只是片面重视阶级斗争和无产阶级专政演说,对科学社会主义和社会大生产缺乏认识;等等。

我对此观点提出不同看法,指出:俄国十月革命一声炮响,传来了马克思主义,五四运动才使马克思主义在中国得到实在的广泛传播。介绍新思想（包括马列主义）的报纸杂志如同雨后春笋纷纷出版,达400多种,介绍和宣传新思想、宣传马列主义的社团亦相应地先后建立,也有三四百个之多,其中传播马列主义的主要有:北京的马克思学说研究会、上海的马克思主义研究会、湖南的新民学会、武汉的利群书社、天津的觉悟社、济南的齐鲁书社、广州马克思主义研究会等。许多马克思主义的著作被翻译出版。此外,还翻译出版了一批介绍马克思主义的论著。短短几年中有如此众多的报刊、社团和出版物介绍和宣传马克思主义,这在中国是空前的,在以后亦是罕见的。而且在质与量上并不逊色于欧洲国家建党时期的传播情况。马克思主义在中国的传播有着自己发展的过程,即首先在知识分子群中传播,随后知识分子起了先锋和桥梁作用,向中国工人阶级传播马克思主义。一些马克思主义研究团体还专门创办了向工人阶级传播马克思主义的刊物,如上海的《劳动界》、北京的《劳动者》、广州的《劳动音》、济南的《济南劳动》等刊物。上海的共产主义小组还创办了沪西小沙渡劳动补习学校,北京的共产主义小组创办了长辛店劳动补习学校,武汉的第一纱厂和汉阳兵工厂举办的识字班等,向工人介绍马列主义。还有许多社团和刊物,发表劳动节专号,组织纪念劳动节活动等。这些传播,使一批工人很快地接受马列主义,成为自觉的无产阶级革命战士,因而北京的马克思主义研究会就吸收了北京、唐山、郑州等地工人参加,上海的共产主义小组也吸收工人参加。种种事实表明,马列主义在中国的传播涉及面包括了工人阶级。当然,党成立之后,马列主义进一步在工人阶级中进行传播,而且在广大农民中进行传播。不可否认,中国知识分子在马克思主义初期传播中夹杂些非马克思主义的观点,这是难免的。我们不能苛求前人,更不宜因其在传播中夹杂了一些非马克思主义观点就怀疑、贬低以致否认其是传播马克思主义的主体。至于马克思主义在传播中同其他主义的论点及其社会影响,当然不应作不切实际的过高的评价。可是,马克思主义在论战中经受住了批驳,扩大了其社会影响,而且在诸多学说中日益崭露头角而成为一种主要的学说,这还是符合历史事实的。由此可见,依据从俄国十月革命的胜利到五四运动的爆发,乃至中国共产党建立的历史发展过程,得出马列主义在中国广泛传播是中国共产党产生的思想理论基础的结论,确是符合客观实际的科学结论。

(2) 对中国无产阶级的评价问题。有些文章提出中国工人阶级人数少,缺点弱点不少,接触和接受马列主义的更少,也没有像欧洲那样的工人运动,中国工人阶级尚未成为自为阶级,因而认为党成立时是否有了切实的阶级基础,是值得商榷的。

我不赞成这个观点,并提出理由。1920年中国工人阶级已有220万人,诚然这个数量如果与中国总人口相比,确实是很少的,也确实存在年纪较轻、文化水平较低的弱点。但是中国200万名工人从计量史学来裁定,这是个相当可观的量化数字,完全可以形成一个独立的阶级力量。欧洲一些国家的工人阶级亦不一定超过这个数量,即使俄国社会主义革命时,也不过只有250万名工人。而且中国工人阶级有其特殊的优点:一是与大生产相联系和产业工人比重较多;二是多数集中在沿海和交通比较发达的大中城市,易于组织起来成为一支强有力的队伍;三是受压迫受剥削最深重,最易于接受革命理论,在革命中最坚决最彻底。随着第一次世界大战期间中国工人阶级队伍的迅速壮大,中国工人运动也进一步发展起来。据不完全统计,1916年有17次罢工;1917年有23次罢工;1918年罢工增至30次;1919年头5个月罢工就达19次,五四运动爆发后全国各地许多工人参加了这个爱国运动,其中上海工人6月5日开始的大罢工尤为著名。从1912年到1919年罢工次数达到130次,超过前40年的罢工总次数。更主要的是这个时期工人运动已经开始由要求增加工资、改善生活待遇的经济斗争,发展至具有反帝反封建内容的政治斗争;由自发的、分散的斗争,发展到联合的、有组织的斗争;而且马克思主义开始在中国工人间传播,并很快被接受。如:1915年,上海、长沙等地工人反对袁世凯政府与日本签订"二十一条"的斗争;1916年,天津法租界工人反对法国侵占老西开而举行的罢工;特别是1919年五四爱国运动爆发后,6月3日上海工人自觉地起来罢工,他们表示:"工界为劳动之神圣,万不可自弃其价值。故不惜偌大牺牲,为商界之后盾。""我们看到我们的国家沦为朝鲜第二,我们怎能照常安心工作呢?"上海这次大罢工完全打破了过去观念,打破了地区之间的界限,实行同盟性的罢工。日商纱厂、英美纱厂和中国纱厂的工人联合罢工,烟草厂工人亦是如此;甚至连沪宁、沪杭两条铁路的工人也实行大罢工。经历了这样的工人运动的工人,他们最快地接受马列主义,认识到自己的使命,并迫切要求组织自己的团体和政党。1920年,上海海军造船所工人李中在《一个工人的宣言》中就表明了这种自觉的观念,"我们少数同声同类的工人,再联络多数同声同类的工人,成一个大团体。由我们大团体,再联络他一个大团体,以成中国一大团体。由中国的大团体,再联络他国的大团体,以成世界一大团体",以实现中国和世界无产阶级的历史使命。这一切表明:中国工人阶级已由自在的阶级向自为的阶级转化而日益成熟。正是这样一个走向自觉的工人阶级成为中国共产党产生的切实的阶级基础。正如李立三同志在其党史报告所说的:"一个无产阶级政党的发生决不是偶然的事,决不是几个人的关系,他的发生,一定有他的客观上社会经济基础,一定有阶级关系和阶级斗争到某一时期才发生共产党。"所以,中国共产党既不是舶来品,亦不是早产儿,而是中国近代社会发展的结果。

(3)有人不同意中国共产党是马克思主义和中国工人运动相结合的产物,他们认为:一是具有共产主义思想觉悟的先进工人群体此时尚未形成;二是不可能在短时期内将马列主义向工人阶级灌输;三是先进知识分子对工人群众进行马列主义宣传微不足道。还有人认为中国共产党是由先进知识分子群体建立的。

值得思考的是这首先由于对马克思主义在中国的传播和党的诞生时的工人阶级的估计不同,这个问题前面已作了论述,我认为当时已经具备了马列主义和中国工人运动相结合的主客观条件。当然在党成立之后,再进一步将马列主义和工人运动相结合亦是必要的。实质上,这些具有初步共产主义思想的知识分子即是马列主义和工人运动相结合的代表人物。因为知识分子有其归属性,在阶级社会中即归属某一阶级,那么,这些具有初步共产主义思想的知识分子应该归属于哪个阶级呢?回答是应归属于无产阶级。从建党的具体历史事实来观察,正是这些具有初步共产主义思想的知识分子不仅从理论上懂得工人阶级的历史使命,而且从五四运动后的工人阶级运动中看到了工人阶级的力量,认识了工人阶级的先进性和革命性,所以他们到工人阶级中传播马列主义,组织工会以致参加领导工人运动,这样的知识分子难道不可以成为马列主义和中国工人运动相结合的代表吗?因为这样的知识分子已经是工人阶级的知识分子,是工人阶级的一部分。过分强调中国共产党不是马列主义和工人运动相结合的产物,而是知识分子创造的,似乎是为了说明知识分子的重要作用。可是,这样极易把知识分子和工人阶级相割裂以致对立,这既不符合建党时期的历史事实,也同马列主义基本原理相背离。

(4) 中国共产党在上海诞生不是偶然的。有人认为中国共产党诞生是中国近代历史发展的必然,至于在什么时间和什么地方诞生是偶然的,主张党在上海诞生是偶然的。从中国社会历史发展的大范畴来讲是有其相对真理的因素,但是,如果提出这样一个问题:中国共产党为什么在上海诞生,而不是在其他地方产生,难道这完全是偶然的吗?那只有以"必然寓于偶然之中"的哲学原理才能予以正确的回答。

中国共产党在上海诞生是有其必然的主客观条件的。

其一,上海是一个有着优越地理位置的现代化大城市。它处于中国南北海岸线的中端,是长江及其支流的汇合点和入海口,周围有着纵横交叉、密如蛛网的海陆交通运输线。从上海到内地终年能通行的航道总程近5万公里,可与中国近一半的人口取得联系。沪杭、沪宁两条铁路线,分别连接并能通向南方和北方各省区。电话、电报、邮递等现代化通信设备十分发达。这些对于传递信息、交换意见、传播马列主义、联络各方、组织活动、召开会议等建党的筹备工作提供了无可比拟的有利的客观条件。

其二,上海是全国的重要经济和文化中心。上海既是冒险家的乐园,也是革命者的摇篮。1853年小刀会在上海起义;1911年同盟会在上海成立中部总会,并响应武昌起义;1915年《青年杂志》改名为《新青年》创办,从而发起了新文化运动,五四运动后上海工人自觉地进行罢工参加爱国政治运动,陈独秀、李达、李汉俊、邵力子、陈望道、毛泽东等大批先进的知识分子来到上海,学习和宣传马列主义,有的还到工人中进行宣传和组织工作。这也为党的建立在思想上和干部上创造了条件。

其三,上海的政治环境与北京相比,更有利于党的筹建。虽然五四运动是在北京爆发的,李大钊、陈独秀等亦在北京,当时中国首都亦在北京,按照这样的思路进行逻辑推理,一般将得出在北京建党的结论。但是正由于北京是北洋军阀政府所在地,为了巩固其反动势力,军警力量强大,统治严密,镇压一切所谓"过激主义"组织和活动。然而在上海,由于各派军阀的混战,管辖上海的头目不断更迭,其统治力量和程度不如北京。而且上海还发生过小刀会起义,受到辛亥革命的影响,各种政治活动比较松动。加上上海是由西方列强和地方军阀分别统治,上海租界又由英国和法国分别管辖,这就使革命者有可乘之隙,便于开展建党工作。

其四,上海是中国工业和工人运动的主要基地。西方列强、官僚买办、民族资本家先后开办过许多工商企业,产生了中国最早的一批产业工人和数量最多的工人。据统计,1920年全国约有220万名工人,而上海就有58万名工人,占全国工人的四分之一。而且,上海工人中产业工人为24.5万人,其中在500人以上的大厂工作的工人有15万人。可见,上海工人之多,尤其是产业工人之多、集中程度之高,是在全国占首位的。这为马列主义传播和工人运动的开展,奠定了有利的基础,亦是党在上海诞生的最主要条件。许多先进人物以陈独秀为代表正是认识到这个最重要因素,特别是看到了五四运动中上海工人首先起来进行政治大罢工,显示了工人阶级的革命性和战斗力,才纷纷来到上海,学习和传播马列主义,并积极与工人运动相结合,创建了中国共产党第一个支部,并担任了发起组的任务,为筹建中国共产党,开展了一系列的活动。

1920年8月15日,上海小组创建了第一个工人刊物《劳动界》;

1920年8月22日,上海小组创建了第一个社会主义青年团;

1920年9月,上海小组筹办了第一个培养干部的学校——上海外国语学社;

1920年秋,上海小组举办了第一个工人补习学校——沪西小沙渡工人半日学校；

1920年11月，上海小组制定了第一个《中国共产党宣言》，供各地党员学习与讨论；

1920年11月，上海小组创刊了第一份党的理论性刊物《共产党》；

1920年11月21日，第一个新型的工会——"上海机器工会"在上海小组帮助下成立；

1920年8月至1921年7月，上海发起组与各方先进代表人物进行联络，有北京、武汉、济南、广州、长沙等地的先进代表和留日学生、旅法学生等群体中的先进代表。各地共产主义小组陆续建立，马列主义的传播和工人运动相结合，正式建党的条件日趋成熟，上海发起组于是发信通知各地小组派遣代表来上海。1921年7月23日各地代表全部到达上海，筹备建党工作全部完成，党的"一大"正式开幕，宣告中国共产党光荣诞生！这是开天辟地的大事变，从此中国革命面貌为之一新。

中国共产党在上海诞生不是偶然的论断，我在纪念中国共产党诞生85周年的大会上发表了《历史的必然》一文（刊载于"中共一大"会址纪念馆编《上海革命史资料与研究》，上海古籍出版社2006年版），进一步从中国近代历史发展过程论证中国共产党在上海诞生的必然性。第一是论述了中国封建社会，中国资本主义发展的滞缓。第二是总结了中国80年旧民主主义革命失败的经验教训，究其失败的外因：西方帝国主义联合中国封建势力一直反对中国资产阶级性质的民主，因为他们并不想中国建立一个真正资本主义共和国，来发展资本主义，从而成为今后的竞争对手，如美国对英国那样；而是要中国一直处于半殖民地半封建社会，任他们剥削和宰割，以便获取最大限度的利润和权益。可见，在一个强大的资本主义世界，像中国这样的大国要走资本主义的道路是走不通的，旧民主主义革命或改良的多次失败，使资产阶级共和国理念在中国人心目中已彻底破产。究其失败的内因:所有的起义、变革、革命实践证明,中国农民阶级、小资产阶级、资产阶级都轮番登上政治舞台领导斗争,但都不能取得胜利。总之,旧民主主义革命失败的经验教训就是缺少一个先进的革命阶级的领导和缺少一个先进理论的指导。第三是历史选择了中国共产党。当时中国社会有没有这样的先进的无产阶级和先进的思想理论呢?任何矛盾的形成、发展和冲突的过程中,已经孕育着解决矛盾的因素。中国当时已经存在着先进的无产阶级,亦存在着先进的思想理论即马克思主义的传播,文章列举了许多史实,这里就不再阐述。在中国传播马克思主义和中国工人运动过程中,产生了一个具有初步共产主义思想的群体,这为中国共产党的建立做好了思想上和干部上的准备,历史就是这样选择了中国共产党,完全符合中国的国情,是中国社会发展的必然结果。第四是全面论证了中国共产党诞生在上海不是偶然的,而是历史的必然。文章列在第一篇,足证其正确与重要。

3. 井冈山革命道路

井冈山道路是中国共产党领导新民主主义革命中极为重要的革命道路问题,是关系到革命的成败问题。我在中国人民大学学习时,给我们授课的老师就重点讲解了井冈山道路问题,特别是听了何长工、熊寿祺两位老同志讲了自己在井冈山斗争的经历,加深了对道路问题的认识。后来在中共中央华东局理论班当教员,深入学习与辅导《毛泽东选集》,进一步理解道路问题的重要意义。《中国的红色政权为什么能够存在?》《井冈山的斗争》《关于纠正党内的错误思想》《星星之火,可以燎原》这四篇文章初步论述了农村包围城市、最后夺取政权的中国革命道路的思想脉络;《中国革命战争的战略问题》进一步论述了中国革命主要形式是革命战争,并从中国革命战争的四个特点,产生了中国革命战争的战略战术;《战争和战略问题》一文中全面系统地论述了中国革命道路问题,明确指出,中国的特点是:不是一个独立的民主的国家,而是一个半殖民地半封建的国家;在内部没有民主制度,而受封建制度的压迫;在外部没有民族独立,而受帝国主义的压迫。因此,无议会可以利用,无组织工人举行罢工的合法权利。在这里,共产党的任务,基本地不是经过长期合法的斗争,也不是先占城市后取乡村,而是走相反的道路。即中国革命是以武装斗争为主要形式,土地革命为主要内容,以农村革命根据地为主要阵地三者不可或缺的统一,以农村包围城市、最后夺取政权的道路。毛泽东的伟大英明在于能将革命实践中的经验教训加以总结,上升为理论作为指导。

我在《井冈山道路与马克思主义中国化》(刊登在中国井冈山干部学院、中共中央党史研究室编《井冈山道路与马克思主义中国化》,中共党史出版社2008年版)一文中,论述了井冈山道路是毛泽东如何把马克思主义普遍原理和中国革命实际相结合的典范。文章论述了井冈山道路的重要就是探索与创造了中国革命唯一正确的道路,许多农村革命根据地按照井冈山道路,即能坚持与发展,反之,则受到挫折与失败。井冈山道路的发展最有说服力的是创建了中央苏区,成立了中华苏维埃共和国临时中央政府,最盛时期拥有江西、福建、广东三省部分地区,辖60个行政区,有4.8万平方公里,人口453万人,红军13万人。

当然,井冈山道路的探索创造与坚持发展是经历了艰难曲折的,党中央三次"左"倾错误都是按照俄国十月革命道路、苏联共产党与共产国际批示,坚持以城市为中心的道路,多次对井冈山道路进行批评,说什么这种游击主义会把农村最后一只老母鸡吃掉;要朱、毛离开红军,对毛泽东等同志进行了批判甚至撤职处分,还说什么山沟里出不了马克思主义。每当红军有所发展与壮大,他们就一再命令红军攻打武汉、南昌、长沙等大中城市,从而使红军遭到不必要的损失。同时在城市里搞罢工斗争、游行示威等,使党和革命的力量大受损失。特别是第三次"左"倾路线使革命苏区的红军损失了80%,白区党的力量几乎损失100%。可以说井冈山道路是付出了血的代价,才得以坚持与发展的。这表明,把马克思主义普遍原理与中国革命具体相结合,使马克思主义中国化是十分不易的。这不仅要学习与掌握马克思主义的基本原理,不是加以照搬就可以了。而且要深刻认清中国国情与中国革命中的实际问题,然后把马克思主义普遍原理和中国革命实际相结合,创造性地解决中国革命问题,这就是中国化的马克思主义。从马克思主义认识论来说,要有个反复实践—修正—实践—再修正—再实践,直到接近完善。

4. 红军长征

工农红军万里长征是党领导的新民主主义革命时期的重大事件,它是中国共产党人和红军的革命精神和革命意志的最高体现。长征途中召开遵义会议,挽救了党,使得革命取得长征的最后胜利。

2006年时值红军长征胜利70周年,我在上海和华东六省市的纪念大会上先后作了"关于中国工农红军长征研究中的几个问题"和"长征精神永放光芒"的发言,后载入论文集。在上海社联举办的"东方讲坛"作了"长征精神及其历史和现实意义"的报告,评价是:"在近2小时内,唐教授用详实的史料、生动的例子和精辟的分析,介绍了长征的整体过程,深刻阐明了长征精神的历史的和现实的意义,给听课者上了一堂生动的爱国主义教育课。"并且发表《踏上长征之途》《冲破四道封锁线》《四次中央会议的争斗》《机动灵活的四渡赤水》《坚持北上抗日 中央红军胜利到达陕北》《长征精神永放光芒》(《上海国防》2006年第1—6期连载)。

我还在《关于中国工农红军长征研究中的若干问题》(2006年上海市中共党史学会举办的"纪念红军长征胜利70周年学术讨论会"上的发言稿)报告中提出了自己的见解。

第一,红军长征内涵的界定。最早讲红军长征主要是指中央红军即红一方面军的长征,到达陕北时间是1935年10月。党的十一届三中全会后,开始讲三支红军的长征,即红一方面军、红二方面军和红四方面军的长征,长征胜利的时间亦改为1936年10月。这一次纪念长征胜利70周年讲得更齐全,除了红一、红二、红四方面军,还有红二十五军的长征。如果说得再完整些,应该加上红七军团和红十军(后为红十军团)参加的战略转移,而且是出发最早的一支红军。可以说除了中央留下的红军和陕甘红军外,其他红军都参加了这个战略大转移,即长征。因此,科学的界定是:红军长征是中国共产党领导中国工农红军进行的一次全局性、大规模的战略转移。参加的部队有:1934年7月26日红七军团以"中国工农红军抗日先遣队"名义出发征战,10月与红十军会晤,11月按中央命令两军为红十军团,继续北上,12月被敌包围,大部分壮烈牺牲,一部分转入浙赣地区。1934年8月7日,红六军团以"中国工农红军西征先遣队"名义出发西征,10月同红二军团会合,共同创立湘鄂川黔根据地。1934年10月10日,中央红军从瑞金出发进行战略转移。1934年11月16日,红二十五军以"中国工农红军第二抗日先遣队"名义出发长征,1935年9月15日在陕西延川同陕甘红军会晤,长征胜利结束。1935年5月初,红四方面军撤出川陕根据地开始长征。1935年11月19日,红二、红六军团撤出湘鄂川黔根据地进行长征。1936年10月,红一、红二、红四方面军三大主力于甘肃的会宁、将台堡先后会师,标志着中国工农红军长征胜利结束。

必须指出,各路红军长征应以中央红军(即红一方面军)为主线,因为党中央在红一方面军,纠正党内"左"倾军事路线错误与确立以毛泽东为代表的新的中央是在红一方面军长征途中,是党中央和中革军委指挥各路红军长征会合到陕甘根据地,最后取得长征胜利。各路红军出发时总数为20.6万人,沿途经过14个省,跨越万山千水,征服雪山草原,行程6.5万余公里,共进行重要战斗600多次,歼灭国民党军队7个师、19个旅又100余个团,俘敌2万余人。红军牺牲营以上干部432人,仅存5.7万余人。

第二,红军长征的历史背景和历史意义的问题。过去一般讲是国民党进行"围剿",共产党没能领导红军打破"围剿"而进行了长征,把长征放在国共两党斗争的因果关系加以考察,这就狭隘了。如果站高点看远点,历史背景可从三个层次来分析:一是从国际形势来看,1931年日本已经发动对中国的侵略,民族危机日益严重;二是面对日本的侵略,国民党作为执政党,不仅不领导政府与人民进行抗日战争,反而制定"攘外必先安内"政策,这是对外妥协对内镇压的政策,是出卖民族利益的不得民心的反动政策;三是共产党中央在"左"倾冒险主义4年统治下,各个地区与各个领域都遭受挫折与失败,党亦处在严重危机之下。在民族危机、革命危机、党内危机三个严重危机下,共产党领导红军意义就十分重大了。

就长征本身意义来说,正如毛泽东说:长征是宣言书、宣传队、播种机;从党史角度来讲,长征产生了长征精神,产生了领袖毛泽东,产生了成熟的共产党;从中国社会来看,长征是人类历史上无与伦比的革命壮举,是中国共产党领导红军创造的人间奇迹,是中国现代史上一座不朽的丰碑,长征的胜利使中国革命转危为安,促成了国内革命战争向抗日战争的转变,为国家独立、民族解放创造了有利的条件。从全球范围来讲,长征已被列入世界文化遗产,中国人以超越生命极限的精神为人类贡献了一种从未有过的长征文化,这种由中国人创造的民族文化向世人展示着她崇高的精神之光。长征锻造了长征精神,是中国共产党的光荣革命传统和中华民族优良传统相结合的集中表现,它成为激励人们战胜困难、勇往直前、为中华民族的伟大复兴和推进和谐世界的强大动力与宝贵财富。

第三,确立以毛泽东为代表的新的党中央领导的问题。过去比较简单扼要地说:遵义会议确立了以毛泽东为代表的新的党中央。实际上这是一个比较曲折的历史过程。可以从一系列会议中表现出这种历史转折。首先是中央红军在冲破国民党军的四道封锁线,特别是惨烈的湘江之战的实践过程中,广大指战员对中央"三人团"的领导开始怀疑与不满,同时以毛泽东为代表的健康力量进行了政治思想工作,已孕育着党的伟大转折。1934年12月12日,中央召开通道会议决定紧急转兵,表明毛泽东又开始有发言权了;12月18日,中央召开黎平会议和1935年1月1日的猴场会议,改变和巩固了红军作战的战略方针,毛泽东的意见得到了大多数人的同意,并为遵义会议奠定了基础。1935年1月15日—17日,召开政治局扩大会议即遵义会议,毛泽东的观点得到了大多数人的支持,初步确立了以毛泽东为代表的新的党中央领导。18日召开政治局会议,决定以毛泽东同志为周恩来同志在军事指挥上的帮助者。一渡赤水后的2月5日,中央政治局和中革军委在云贵川交界的鸡鸣三省的村子里召开中央常委分工会议,决定以洛甫(张闻天)同志代替博古同志负总的责任。然后在扎西镇召开了几次会议,统称为扎西会议,会议讨论通过了《中共中央关于反对敌人五次反"围剿"的总结决议》,并向下传达贯彻;实现党中央负总责的人事交接,张闻天实施对全党工作的领导;确定中央红军新的战略行动方针,决定回师东征在川滇黔边作发展,开始扭转中央在政治、军事上的被动局面。二渡赤水取得遵义战役的胜利后,3月4日,中革军委决定特设前敌司令部,朱德为前敌司令员,毛泽东为前敌政治委员。10日,在苟坝召开政治局扩大会议,红一军团领导人提出攻打打鼓新场的意见,毛泽东表示不同意,经过一天的激烈争论,经过表决,否定了毛泽东的意见并撤销了其前敌政治委员一职。是夜,毛泽东经过反复思考,连夜找周恩来商量,毛、周再到朱德处认真分析攻打打鼓新场的利弊得失,这时正好红星纵队四分队(情报分队)戴镜元等于晚上11点获得国民党滇军、川军和黔军的行动情报,证明毛泽东对敌情分析判断是正确的。11日凌晨2时,周恩来主持召开会议,再次讨论攻打打鼓新场的问题,终于说服求战心切的高级将领。鉴于出现这种情况,12日,中央政治局召开会议,由张闻天提议成立由周恩来、毛泽东、王稼祥三人组成军事小组,代表中央政治局全权指挥军事行动,毛泽东在中央的地位与领导权有了进一步的提高。经过四渡赤水,佯攻贵阳,威逼昆明,调动了敌军,巧渡金沙江,终于甩掉了围追堵截的国民党重兵。为进一步统一党和红军领导人的思想,1935年5月12日,在会理召开了中央政治局扩大会议,在遵义会议后,林彪对中央领导持怀疑态度,一直埋怨红军走的是"弓背路",他主张走"弓弦",他说:"这样会把部队拖垮的。像他(毛泽东)这样领导指挥还行?!"他给彭德怀打电话:"现在的领导不成了,你出来指挥吧。再这样下去,就要失败。我们服从你领导。你下命令,我们跟你走。"彭德怀拒绝了。林彪还不甘心,还给中央"三人团"写信,要求朱德、毛泽东下台。在会理会议上毛泽东经过说理批评了林彪,周恩来、朱德等都支持毛泽东,并肯定毛泽东的军事指挥,会议维护了党的团结统一,毛泽东领导地位得到了维护。在对张国涛反党分裂活动的斗争中,以毛泽东为代表的新的党中央领导得到进一步的巩固,由此可见,以毛泽东为代表的新的党中央领导的确立和巩固,并不是一帆风顺的。

第四,长征精神的探讨。长征精神是中国共产党光荣革命传统与中华民族优良传统的高度集中的表现,是中国共产党先进性的高度集中表现。

长征内容与概括有种种说法,概言之,长征集中体现了马克思主义的世界观、人生观、价值观和道德观。长征精神是社会主义精神文明建设的重要源泉;长征精神是培养下一代新人的根本要求;长征精神是保持党的先进性的思想基础;长征精神是进行社会主义建设的强大动力;长征精神是实现中华民族伟大复兴的必然要求。应继承与发扬长征精神,将长征精神的崇高理想与坚定信念升华为建设中国特色社会主义的崇高理想与坚定信念;将长征精神转化为实现全面小康社会和社会主义现代化的实际行动;将长征精神贯彻到党的先进性建设,巩固党的执政基础,提高党的执政能力;将长征精神与时代精神相结合,推动马克思主义中国化,以新理念、新思想、新风尚、新道德,不断指导中华民族的伟大复兴!

5. 文化反"围剿"斗争(20世纪30年代文学诞生)

国民党当局在军事上对共产党领导的红军和农村革命根据地进行反革命"围剿"的同时,在文化上对共产党领导的左翼文化进行反革命"围剿"。从1929年起,国民党政府相继颁布了《宣传品审查条例》《出版法》等法令条例,对进步书籍报刊的编辑、出版施加各种限制和查禁。据统计,湖南长沙1931年被查禁的书刊达140多种。国民党史还豢养了一批御用文人,大力宣传封建文化和法西斯文化,诋毁马克思主义和进步的思想文化,甚至残暴地袭击进步团体,拘捕、刑讯并秘密杀害革命的进步的文化人士,仅1930年至1933年,先后牺牲的有李伟森、柔石、胡也频、殷夫、冯铿、洪灵菲、潘漠华、应修人、宗晖等。

1927年第一次大革命失败后,一批党的和党所影响的文化工作者陆续聚集到上海,他们冲破国民党反动统治的高压,开辟革命的进步的文化阵地,展开了英勇的斗争。1929年中共中央宣传部成立了中央文化工作委员会(简称"文委"),由潘汉年负责,统一领导这方面的工作。1930年3月2日,中国左翼作家联盟成立(简称"左联"),随后中国社会科学家、戏剧家、美术家、教育家联盟(分别简称为"社联""剧联""美联""教联")以及电影、音乐小组等左翼文化团体纷纷成立;10月,这些文化团体又组成中国左翼文化总同盟(简称"文总")。1931年瞿秋白离开中央,亦参与文委工作,并与鲁迅建立了良好关系。这支文化新军在党的领导下积极开展活动,发动了一个很有声势和实力的左翼文化运动,由此诞生了 30 年代文学。我经过研究,撰写了一篇《文化战歌》(作为由钟家栋、王世根主编《20 世纪:马克思主义在中国》一书的一章,上海人民出版社 1998 年版),高度概括、客观地论述了文化反"围剿"的斗争过程和成果。

(1)"让哲学走下殿堂"。第一次大革命失败后,以李大钊为代表的一批探讨哲学的早期马克思主义者,在国民党白色恐怖之下壮烈牺牲或被捕入狱,这是马克思主义哲学中国化研究的重大损失。但是更多的革命知识分子不畏强暴,英勇地继续从事马克思主义的研究和宣传,他们明确指出,现在我们的任务是"应用马克思主义辩证法","来分析中国现实的社会以达到真理,以建立指导行动的理论","解决一些紧迫问题"(彭康:《前奏曲》)。于是 20 世纪 20 年代后半期到 30 年代上半期,出现了宣传马克思主义哲学的热潮。他们出版了数十种马克思主义经典著作,并撰写了一批哲学著作,如张如心的《辩证法学说概论》、郭湛波的《辩证法研究》、沈志远的《新哲学辞典》等。一时间,辩证唯物论和唯物辩证法风行全国,这引起一些唯心主义者的不安和反对,于是自 1931 年起发生了一场关于新哲学和唯物辩证法问题的论战。以张东荪为代表的一些人,以《大公报》的《现代思想》栏目和《再生》杂志为据点,发表了一系列的文章,直接反对唯物论辩证法。他宣传自己新哲学的观点,来否定唯物论辩证法,并武断地说辩证法是"过时的古董"。张东荪等的挑战,使马克思主义者和一些哲学家不得不起来应战。在论战中发生一件有趣的事,即著名哲学家李石岑由唯心主义转变到唯物主义,他相继发表了几篇论文,认为"未来的哲学必然以新唯物论为主营","在现在和最近的未来有一个光华灿烂的发展"。李石岑的转变是马克思主义哲学的胜利。而唯心论者即加以攻击,这又发生了新哲学的争论。在论战中又有中国共产党叛徒叶青以马克思主义哲学家自居,批判张东荪,以便欺世盗名在政治上为国民党反动统治服务。

所以,当时的马克思主义哲学家必须一方面要同张东荪等公开反对辩证唯物主义的人辩论;另一方面又要揭露叶青等伪装马克思主义者的真面目。马克思主义者正是在这场辩论中得到很大发展。艾思奇从1934年11月起在上海《读书生活》杂志上连续发表哲学的讲话,以通俗易懂的事例和生动活泼的语言,阐明辩证唯物主义的原理,得到广大读者的欢迎。《大众哲学》至1948年共印了32版,对普及马克思主义哲学起了很大的作用,促使不少青年走上革命的道路,为哲学走出神圣的殿堂发挥了重要作用。他还发表了《抽象作用和辩证法》等许多论文,积极参加了论战。邓云特(邓拓)撰写了《形式逻辑还是唯物辩证法》来批驳张东荪对辩证法的否定。李达撰写了《社会学大纲》,深刻地阐明了辩证法的三个基本规律,并强调实践对认识的决定意义。毛泽东在反对党内"左"右倾错误中亦发展了马克思主义哲学。1930年5月撰写的《反对本本主义》一文指出:离开实际调查就要产生唯心的阶级估量和唯心的工作指导,那么,它不是机会主义便是盲动主义,提出了"没有调查研究,就没有发言权"。在毛泽东的提倡下,社会调查开始成为共产党的一种认识路线和工作方法,亦是把马克思主义普遍原理和中国革命具体实践相结合的基础环节。1937年7月,毛泽东在讲哲学时,写下了《辩证法唯物论(讲授提纲)》,全面阐述对马克思主义哲学的理解和自己的哲学思想,后来出版的《实践论》和《矛盾论》就是《提纲》的第二章第十一节和第三章第一节。毛泽东为了重点揭露看轻实践的教条主义,故题为《实践论》,他深刻论述和丰富了马克思主义的认识论,科学地解决了几千年来中国哲学史上争论不休的知行关系问题。毛泽东为了强调矛盾规律是辩证法的根本法则,故题为《矛盾论》,提出了一个相对完整的矛盾学说的理论体系,并提出了许多独创性的见解,在马克思主义辩证法发展史上占有重要的地位。这些著作已经为广大群众尤其知识青年所喜爱和接受,他们以马克思主义的哲学观点来观察社会问题,日益认清了国民党政权的反动性质。国民党当局也出版了《中国之命运》《唯生论》等著作,宣传所谓"力行哲学""诚的哲学""唯生哲学"等,都经不住一驳,就销声匿迹了。可以这样说,在30年代到40年代,辩证唯物主义和历史唯物主义已经在哲学界、思想学术界占主导地位,在国民党统治区已经广为流传。马克思主义哲学不仅与中国革命实践相结合以指导中国革命,而且极大地影响了人们的思想方法和工作方法,并在实践中发展哲学理论,从而产生了中国化的马克思主义哲学思想和哲学著作。

(2)认清中国社会性质的理论指南。20世纪30年代在中国发生一场关于社会性质的大争论,这是由第一次大革命失败所引发的。大革命的骤然失败,促使人们对中国革命一系列问题进行反思。马克思主义是否适合中国国情,中国究竟是什么社会性质,中国革命的性质、对象、任务、道路应如何来界定,如此等等,均需重新探讨。在这些问题面前,各个阶级、各种党派、各种社会团体,必然都会根据自身的根本利益和认识,提出各种不同的观点和理论。正是在这样的历史背景下,一场中国社会性质的大争论就发生了,持续到40年代才告结束。

1928年6月,中国共产党第六次代表大会对上述问题作出了自己的回答。它分析了中国当时的地位是"半殖民地",中国经济政治制度是"半封建制度",确定中国革命现阶段的性质是"资产阶级民主革命",因此提出反帝反封建是中国革命的"中心任务"。这却遭到以国民党人为主的一些政治派别和人士的竭力反对,他们鼓吹国民革命成功了,为了反对马克思主义和共产党继续领导革命,他们在中国社会性质和中国革命问题上制造混乱,企图模糊人们的认识,阻挠人民的反帝反封建革命斗争。戴季陶、陈果夫、陈布雷、周佛海、陶希圣等于1928年办起《新生命》杂志,不断发表研究中国社会性质和中国社会历史的文章,并汇集成《中国社会之史的分析》《中国社会和中国革命》等书出版，被时人称为"新生命派"。他们宣扬"中国封建制度崩溃论"，说什么在春秋战国的时候就有商业，已足够证明当时封建制度崩溃了，鸦片战争后已过渡到商业资本主义社会，从而否定需要进行资产阶级民主革命。国民党汪精卫集团组成的改组派亦于1928年创办《革命评论》《前进》等杂志，散布改良主义幻想，在中国社会性质问题上与陶希圣等"新生命"派相呼应，也认为无论由政治上看还是由经济上看，"中国现在绝对没有封建阶级"，因而没有土地可分，不需要搞什么土地革命，更无所谓反对封建主义的斗争。以胡适为代表的资产阶级改良派于1929年在上海开设的新月书店出版《新月》杂志，提出"中国的现状"和"怎样解决中国的问题"等题目来进行讨论。胡适发表文章认为中国的问题全在于贫穷、疾病、愚昧、贪污和扰乱，即所谓"五鬼闹中华"。这五大仇敌中，"封建主义不在内"，"帝国主义也不在内"。他指责共产党领导的反帝反封建革命，认为这都是盲动，主要"要用自觉的改革来替代盲动的所谓革命"，而这个自觉的改革，就是"在自觉的指导下一点一滴的不断改革"。与此同时，中国社会性质和中国革命问题亦在共产国际和中国共产党内引起激烈的争论。以托洛斯基为代表认为中国农村中的封建残余已不占主要地位，中国是个资本主义社会，民族资产阶级在任何历史时期都是反革命的，而中国革命带有反帝性质，乃是因为帝国主义还操纵着海关，因此民主革命已成为过去，目前是等待时机成熟，进行社会主义革命。随着托派影响的扩散，在中国也出现了托派小组织，并和陈独秀等人相结合，被人称为"托陈派"，其主要论点是1927年蒋、汪的叛变是资产阶级的胜利，蒋建立的南京政府是资产阶级中心领导的政权，中国民主革命的任务也就完成。从这样的估计出发，无产阶级及其政党只有等待资本主义发展到相当发达之后进行社会主义革命，目前只能为召集国民会议而努力，因此主张取消一切革命行动。党中央对他们进行批判,陈独秀不接受意见,决定把他们开除出党。于是,原来是党内的思想斗争,发展成为社会理论界的论战。

1929年12月,中共中央主要负责人李立三发表了《中国革命的根本问题》一文,比较全面论证了党的"六大"对中国社会性质的分析和对中国革命问题的论断,批驳了托洛斯基和陈独秀的谬论,这实际上提出了党在当时关于中国社会性质论战中的基本观点。接着,党中央宣传部及其领导下的中央文化工作委员会和中国社会科学家联盟,组织许多学者运用马克思主义观点,研究中国社会政治经济情况,对各种反马克思主义的观点进行了有计划系统的批判,于是,陈托取消派、新生命派、新月派等竭力反扑。一场大论战展开了,争鸣从中国社会性质发展到中国社会发展史再到中国农村社会性质,范围广泛。主要问题有:当时中国究竟是资本主义社会还是半殖民地半封建社会;中国历史上有没有奴隶社会;秦汉以后的中国是封建社会还是商业资本主义社会或者其他什么性质社会;中国为什么未能进入资本主义社会;最终归结人类社会发展有无共同规律,马克思主义关于社会发展阶段的学说是否适用于中国,中国当时要不要进行资产阶级民主革命的大问题。

大争论首先集中在当前中国究竟是什么社会的问题。《新思潮》的编委王学文、彭康、杜国庠、潘梓年等组织马克思主义学者撰写了一系列文章,这些文章有力地批驳了"中国封建社会早已崩溃论"和"中国已是前期或落后的资本主义社会"等谬论。他们一方面肯定帝国主义入侵促进了民族资本主义的发展,并破坏了封建经济基础;另一方面又指出帝国主义扶持中国封建势力,并与之相勾结来共同剥削中国人民,阻碍中国民族资本主义的发展。这样逐步地把中国处于半殖民地的地位与中国仍是半封建经济状况的看法联系起来。瞿秋白在《唯物辩证法的合法主义化》中较为明确地提出了"半殖民地半封建的中国社会"的概念;随后吕振羽、钱俊瑞、薛暮桥等著文中更为确切地阐述了中国社会的半殖民地半封建社会的性质。沈雁冰以"茅盾"为笔名在这大争论的背景下创作了《子夜》，他明白地说："小说所要回答的，只是一个问题，即是回答了托派，中国并没有走向资本主义发展的道路，中国在帝国主义压迫下，更加殖民地化了。"经过大争论，当时中国社会是半殖民地半封建社会的这一重大结论已经被多数人所承认了。

对当时中国社会性质的大讨论，必然延伸到对中国过去历史的重新探求。既然当前的中国社会是半殖民地半封建社会，那么以前是什么社会性质呢？一些人大力鼓吹"中国封建社会早已崩溃""中国不存在奴隶制度""鸦片战争前中国已是前资本主义社会或者商业资本主义社会"等，归根结底，其真正的意图是否定用马克思主义来分析解释中国社会，是要肯定马克思主义不适合中国国情。作为马克思主义者如何运用马克思主义普遍原理联系中国社会实际，揭示中国社会发展的基本规律，驳斥上述种种谬论，就成为迫切的具有现实意义的思想理论问题。

在中国社会史的论战中，参加者有马克思主义学者郭沫若、吕振羽、翦伯赞、何干之、李达、王亚南等，反马克思主义者有陶希圣、周佛海、梅思平、李季、陈邦国、杜畏之等。1933年论战达到高潮，郭沫若和吕振羽在社会史论战中作出了突出贡献。郭沫若用马克思主义理论作指导，集中精力研究了中国古代社会，特别是对甲骨文、金文作了大量的研究，于1930年出版了《中国古代社会研究》一书，随后又发表了一系列论文，第一次理出了中国历史经过了原始社会（西周以前）、奴隶社会（西周时代）、封建社会（春秋以后）等几个阶段；第一次说明了中国社会发展完全符合马克思所揭示的人类社会发展的普遍规律，从而极有力地驳斥马克思主义不适合中国国情的谬论。在此基础上，吕振羽进一步以唯物史观为指导对中国古代社会作了深入研究，于1934年出版了《史前期中国社会研究》《中国经济之史的发展阶段》等一系列著作，提出了中国社会形式的发展应当为原始公社制(殷周以前)——奴隶制(殷商)——封建制(西周以后)——半殖民地半封建(鸦片战争以后)。这就把中国社会发展的历史,从古代到近代全部贯穿起来,形成一个明确的系统的概念,李达称之为史学领域的"新的收获"。

中国社会性质和中国社会发展史论战的深入,必然会引申出中国农村社会性质的争论。因为中国是个农业大国,农村社会性质在很大程度上决定中国社会性质。这场论战由张闻天撰写的《中国农村经济现阶段——任曙、严灵峰先生的理论批判》一文揭开了序幕。张闻天从中国农村中的资本主义发展程度和土地问题与租佃关系两方面的分析,批驳了任、严诊断资本主义已经在农村取得支配地位的谬论。随着争辩的白热化,论战在"中国农村派"和"中国经济派"之间激烈展开。由南京中国经济研究会于1933年主办的《中国经济》杂志为阵地,王宜昌、张志澄、王毓铨、王景波等支持任、严的观点,发表了一系列论文,来论证中国农村已经是资本主义雇佣劳动社会,他们被称为"中国经济派"。由陈翰笙发起,联络一批进步青年钱俊瑞、薛暮桥、王寅生、孙冶方、吴觉农、孙晓村等,于1933年建立了中国农村经济研究所,创办了《中国农村》。他们以研究农村经济为目标,针对一些错误观点进行了争鸣,是为"中国农村派"。由于"中国农村派"以大量的农村实际调查材料为基础,努力使马克思主义中国化,充分地论证了中国农村是半殖民地半封建的性质,使"中国经济派"的论点无立足之地。

中国社会性质、中国社会发展史、中国农村社会性质的大讨论,实际上是一个大问题的多方面的探索。何干之曾这样概括:"为着彻底认清目下的中国之社会,决定我们对未来社会的追求,迫着我们不得不清算过去社会的要求,这次大论战正是这种认识过去、现在与追求未来的准备工夫。"这次大讨论的意义是:第一,进一步驳斥了一些别有用心的人所散播的"马列主义不适合中国国情"的谬论。第二,彻底地批判了那种认为蒋介石国民党统治下的中国已进入资本主义社会的幻想。第三,进一步明确了中国社会的半殖民地半封建的性质。第四,进一步阐明了中国革命性质的问题。何干之在总结这场大讨论的基础上,提出中国目前的革命,"不是普遍的民主主义革命,也不是社会主义革命,而是转到未来社会的过渡形式,即过渡到社会主义的新的民主革命"。这是何干之第一次提出"新的民主革命"的概念,具有非常重要的启蒙意义。

这次社会性质的大讨论是以持有马克思主义观点的学者取得胜利而告结束。最大的成果是肯定了中国的半殖民地半封建性质的社会,认清了中国现阶段的革命是过渡到社会主义的新的民主革命,为新民主革命奠定了理论基础。

(3) 马克思主义历史学和经济学比翼双飞。在社会性质大讨论中,与之关系最密切的是历史学和经济学,所以经过论战,马克思主义的历史学和经济学发展迅速,收获很大。

中国是一个历史悠久、文化发达的古老大国,其丰富的历史遗产,无数著名的历史学家,是一个以治史著名的国度。马克思主义传入中国之后,产生了马克思主义史学家,使中国史学发展到一个新的阶段。最早把马克思主义引入史学的是李大钊。他发表了一系列史学论文,并在高等学府讲授唯物史观和史学思想史等课程。20世纪30年代社会性质大论战中,涌现了一批杰出的马克思主义史学家,如郭沫若、吕振羽、翦伯赞、何干之等,他们撰写了不少的高质量的马克思主义史学论著。史学家能把马克思主义和中国历史实际相结合,使史学成为我国社会最为发展的学科之一。

在近代中国的西学东渐中,经济学是一股大潮。五四运动后马克思主义经济学即大量地传入中国。从1919年到1940年,据粗略估计,出版经济学的著作达2000多种,经济杂志140多种,发表的论文就更多了。这20年中翻译出版了不少马克思主义经济学著作,其中郭大力、王南译的《资本论》全译本,堪称翻译史上的盛事,在经济学界和学术界产生了很大的影响。许多马克思主义经济学著作都有了中译本,为中国经济学家学习马克思主义经济理论创造了有利条件,也为他们研究中国经济问题打下了理论基础。

近代中国是个贫穷落后的弱国,许多革命家和进步学者为了救国救民,十分注意研究中国经济,力图找到改造经济的方案。自中国共产党第二次全国代表大会开始,就运用马克思主义经济原理来研究中国社会经济状况,从而提出了正确的反帝反封的纲领。这标志着马克思主义经济原理和中国经济具体实际相结合的开端。许多革命者与进步学者以更大的注意力集中研究中国社会经济,特别是中国农村经济。1930年4月出版的《新思潮》第5期作为《中国经济研究专号》,发表了许多运用马克思主义经济学原理分析论证中国是半殖民地半封建性质的论文。值得一提的是以蒋介石的名义于1944年发表的《中国经济学说》,为国家垄断资本和官僚资本辩护。王亚南于1946年出版了《中国半封建半殖民地经济形态研究》,不仅从宏观上论述了中国半封建半殖民地经济的形成与发展,而且在微观上从各种形态阐述半殖民半封建经济的特征及其运动规律。同时他指出,中国四大家族的买办官僚资本是在内战及抗日中迅速增长起来的,对中国官僚资本作了理论分析,戳穿了蒋介石的《中国经济学说》中美化官僚资本的谎言,使它再也没有什么市场。

通过中国进步的经济学家的认真研究和大量译作,马克思主义经济学终于插上了"中国翅膀",在中国经济学界飞翔,并在同其他经济学说争论中取得了胜利。中国共产党人以马克思主义经济学作指导,对中国经济问题作了探讨和大量的社会调查,尤其是对农村经济调查,不仅形成了中国化的马克思主义经济理论,而且为革命根据地制定了一系列的经济财政政策,有效地推动了经济工作开展,也为新中国的经济财政工作奠定了坚实的理论基础。

(4) 左翼文化的呐喊。在新文化运动中主张文学改良的胡适在民主革命潮流面前,却反过来提出"整理国故"的口号,其真实目的正如他自己所说:被孔丘、朱熹牵着鼻子走,固然不算高明;被马克思、列宁、斯大林牵着鼻子走,也算不得好汉,我只希望教我的少年朋友们学一点滴防身的本领,努力去做一个不受人惑的人。胡适的"整理国故"的流派当时受到进步文化界的批评,鲁迅的《未有天才之前》的演讲、郭沫若的《整理国故的评价》等文章,揭露了胡适用整理国故以抵制革命、引导青年脱离现实的谬论,并指出整理国故充其量是一种旧价值的重新评价,并不是一种新价值的创造。

在众多文化团体中,影响最大的是文学研究会和创造社。前者是由郑振铎、沈雁冰等人发起的,主张文学应该反映社会现象,讨论一些有关人生的一般问题,提倡"为人生""激励民气"的文艺,属于现实主义流派。创造社是留学日本的郭沫若、郁达夫、田汉等发起的,尊重自我,推崇天才,认为美的追求是艺术的核心,可也强调时代的使命,认为打破虚伪的、丑恶充斥的、使生命窒息的现状,是新文学家的天职,所以是具有叛逆精神的积极的浪漫主义。在文学革命运动中,共产党人邓中夏、恽代英、萧楚女等于1923年发表了若干篇关于文学的文章,批评了不问社会、脱离革命、为艺术而艺术的倾向,指出新文学必须"能激发国民的精神,使他们从事民族独立与民主革命的运动",提出文学家应该抛去"锦秀之笔",离开"诗人之宫",到"煤窟里面去""黑暗的隧道中",把工人的生活描写出来,宣传了初步的马克思主义的文学主张。有些文学家开始运用马克思主义文学理论和艺术观点,探索中国进步文学和艺术的理论问题。如沈雁冰发表的《论无产阶级艺术》,从性质、题材、内容、形式等方面作了些说明;郭沫若发表了《革命与文学》,提出了革命文学的主张,认为"我们所要求的文学是表同情于无产阶级的社会主义的写实主义的文学"。这标志着马克思主义文学理论开始与中国文学具体实际相结合、文学革命向革命文学发展。

这个时期的文学取得前所未有的成就。最为显著的小说创作,鲁迅出版了短篇小说《呐喊》,收入了《狂人日记》《药》《祝福》《阿Q正传》等14篇,这对中国新文学的建立和成长具有重大意义。叶圣陶的小说集《隔膜》和《火灾》,也深刻反映了中国下层知识分子和小市民的不幸遭遇以及他们对现实社会的憎恨。比较重要的小说家还有郁达夫、王统照、许地山、庐隐、鲁彦等。白话新诗的创作亦有显著成绩,郭沫若的诗集《女神》,充满了对旧社会的叛逆精神和对美好理想社会的热烈追求,高扬了爱国主义的炽热感情,喊出了五四时代精神的最强音,开创了一代新的诗风。闻一多也是这一时期的著名诗人,其代表作有《洗衣歌》等,他的诗对祖国的命运和民族的前途充满激情。刘大白是最早反映工农处境的诗人,在《五一运动歌》《田主来》等诗中,歌颂了创造世界的工人农民,反映了工农在帝国主义和封建势力压榨下的痛苦和不满。其他较有影响的诗人还有刘半农、朱自清、沈尹默、徐志摩等,亦有相当成就。在戏剧方面,洪深、欧阳予倩、田汉等贡献较大,如洪深的《赵阎王》,以反对军阀内战为主题;欧阳予倩的《泼妇》歌颂妇女愤而离家的反抗精神;田汉的《获虎之夜》通过贫富悬殊而造成一对青年人的恋爱悲剧,来揭示阶级的对立。这些剧本当时发生过较大的社会影响。这是由于1927年大革命失败后,一大批文人聚集到上海,原来从事革命工作的文化人也汇集到上海,从而推动革命文学艺术事业的发展。1928年1月,创造社和太阳社发起了无产阶级革命文学运动,力图创造一种以无产阶级的阶级意识为指导的、为完成无产阶级历史使命服务的革命文学。这使中国文学发展进入一个新的阶段。

但是革命文学一度出现"左"的错误,创造社和太阳社的一些成员还把争论矛头指向鲁迅、茅盾、叶圣陶等人。为了共同反对国民党当局的文化"围剿",推动革命发展,1930年2月,争论双方代表召开清算过去和确定当前的讨论会。在经过讨论取得共识的前提下,3月2日,上海左翼作家联盟正式成立(简称"左联"),鲁迅作了《对于左翼作家联盟的意见》的讲话,他强调左翼作家要深入实际,了解实际,改造世界观;指出左翼文艺队伍要扩大战线,培养新生力量;提出了左联的迫切任务。鲁迅总结了中外文学运动的经验教训,指明了左翼文学运动的正确方向,这标志着马克思主义文学理论和中国具体文学运动实际的进一步结合。

左翼文化人士面对国民党政府的文化"围剿",进行了英勇顽强的机智巧妙的斗争。针对国民党政府剥夺革命文化出版、查禁进步书刊甚至恐吓、绑架、暗杀等残暴措施,革命却创造出更多更好的作品,采取伪装封面、变换书刊名称、运用小报编排形式、书店书摊的秘密发行等形式出版发表。国民党当局杀害革命作家,反而激起更多的进步青年投入战斗。革命青年的血,灌溉了革命萌芽,在文学方面倒比先前更具革命性。左翼作家自觉地宣告文学是革命的一部分,自觉地服务中国革命。为此,他们自觉地学习和翻译马克思主义和先进的革命现实主义作品,他们努力从事文学创作,写出了许多深刻反映时代面貌的优秀作品,成为辉煌的30年代革命文学艺术的主流。

九一八事变后,日本入侵中国,大批文化人投入抗日救国运动,革命文学队伍中一度出现了"国防文学"和"民族革命战争的大众文化"口号之争。随着民族危机加深,在中国共产党抗日民族统一战线的推动和影响下,这些文化人逐渐团结起来。1936年10月1日,鲁迅、巴金、茅盾、郭沫若、陈望道、郑振铎、冰心等21人发表了《文艺界同人为团结御侮与言论自由宣言》,号召国人应不分新旧派别,为抗日救国而联合,主张在文学上,国人不强求其相同,但在抗日救国上,应该团结一致以求行动之更有力。这篇宣言的发表,标志着中国文艺界抗日民族统一战线的初步形成。七七事变抗日战争全面爆发,文学艺术界用各种形式为抗战服务,1938年3月,在武汉成立了"中华全国文艺界抗战协会";4月,国民政府军委会政治部第三厅成立,郭沫若任厅长,积极领导文艺界开展抗战文化工作,在开展抗战文化过程中同反动的思想文化发生争鸣。国民党御用文人提倡以三民主义作为作品的中心意识,文学家应竭诚拥护蒋介石,并指示民众协助领袖,实际上要宣传一个主义、一个政党、一个领袖。梁实秋以反对"抗战八股"为借口,实质上反对文艺为抗日战争服务。陈铨等"战国策"派则宣扬"力的文化",崇拜天才英雄,以歌颂法西斯独裁者。进步文艺人士在批判上述错误的反动的同时,积极从事文学创作,终于形成了具有强烈鲜明的爱国主义的民族精神的抗战文化。

抗日战争全面爆发后,全国抗日救国文化团体和报刊大批涌现。据不完全统计,在抗战初期约有2000多个文化团体和报刊,在全国各地通过各种形式进行抗日救国的宣传,激励着全民族的爱国主义精神。抗战戏剧从最受欢迎的街头剧《放下你的鞭子》《难民的生活》起始,大量的优秀作品问世,特别是郭沫若先后写了《屈原》《棠棣之花》《虎符》《高渐离》《孔雀东南飞》《南冠草》6个历史剧本,戏剧创作达到了一个新的高度。抗战小说的创作以萧军的《八月的乡村》、萧红的《生死场》为开端,他们写出了亡国之痛,描绘了在日寇铁蹄下,东北同胞不愿做亡国奴而进行不屈的斗争。为适应战争形势,报告文学兴起,"一·二八"淞沪抗战中,进步作家到前线访问,出版了《上海事变与报告文学集》,随后茅盾主编《中国一日》和梅益的《上海一日》,均是影响很大的报告文学。此外,还有周而复、刘白羽等人的创作。这些作品都及时地反映了抗战现实,鼓舞了人民抗日斗争的意志。关于抗战诗歌的创作,郭沫若的许多讲稿诗篇集中反映在他的《战声集》中;艾青的许多诗篇中以《火把》最为著名,诗句洋溢着火一样的热情,非常感人。此外,还有田间、臧克家等人的诗作,也为广大进步青年所喜爱。在音乐方面成就最大的是聂耳,他创作的著名歌曲如《义勇军进行曲》《毕业歌》《大路歌》《开路先锋》《新女性歌》等,其中《义勇军进行曲》在抗战期间最为广泛地为广大人民群众所歌唱,是抗战中的最强音,最后成为中华人民共和国的国歌。

在中国共产党领导下,团结进步知识分子,进行英勇机智的斗争,彻底粉碎了国民党政府发动的文化"围剿",哲学社会科学和文学艺术取得了五四运动以来的巨大成就,造就了20世纪30年代的哲学社会科学和30年代文学艺术,这是新民主主义文化的伟大的胜利。

6. 重庆谈判

在这个问题上,我撰写过《中共党史教程》的"解放战争时期"共四章;另外在中共中央文献研究室编的《〈关于建国以来党的若干历史问题的决议〉注释本》中撰写了"抗日战争胜利后,蒋介石政府悍然发动全面内战"的条目。

重庆谈判是在国际背景下进行的。第二次反法西斯战争胜利后,国际形势发生了重大变化,出现了以苏联为首的社会主义阵营和以美国为首的资本主义阵营。美国的外交政策由"孤立主义"转变为"世界主义",以维护自由世界、遏止共产主义的口号,支持各国反动派对人民革命斗争的镇压,进而扩大势力范围,攫取世界市场,掠夺殖民半殖民地国家的财富。美国由战时的"民主兵工厂"变成战后的"世界宪兵"。苏联斯大林过高地估计了资本主义的力量,害怕美国和原子弹,害怕第三次世界大战,并错误地认为苏联和英、美之间的妥协,则资本主义国家内工人阶级和人民亦应随之实行对资产阶级的妥协。于是国际共产主义运动中发生了"右"的逆流,在法国、意大利等国拥有武装的共产党出现了"交枪做官"的现象。苏联同样要求中国共产党和国民党谈判并要作出妥协让步。美国想以中国为主要阵地,掌控远东局势,亦要求国民党和共产党谈判,达到国民党掌权,稳定中国局势。苏联和美国在雅尔达会议期间在中国问题上是有妥协的,苏、美根据各自的目的,要求中国共产党和国民党实行妥协。重庆谈判就是在这样的国际背景下进行的。

中国共产党和国民党在国际背景下各有自己的方针。早在共产党第七次全国代表大会上,毛泽东的政治报告题目就是《论联合政府》,其意图即国共两党从共同抗日过渡到共同建国。与此同时,国民党召开第六次全国代表大会,在大会的特别报告中明确提出"与中共斗争,无法妥协,今日之急务,在于团结全党,建立对中共斗争的体系",国民党的方针是抢夺人民胜利果实,准备内战,消灭共产党,坚持独裁统治。

经过43天的谈判,在美国特使马歇尔的调停下,先后签订了《停战协定》、军队的《整军方案》、政协通过有利于民主的5个《协议》和《国民政府与中共代表会谈纪要》(即《双十协定》)。中国共产党内曾一度产生过于乐观的倾向。中共中央发出关于目前时局进入和平民主新阶段的批示,刘少奇在干部大会的报告中曾说:现在已经不是枪杆逞锋,而是凭选票进城的时候了。关于解放区政权问题,党决定主动退出广东、浙江、苏南、皖南、皖中、湖南、湖北、豫南8个解放区。在军队整编中,晋察冀军区把9个纵队整编成为6个纵队,减去了10万人,伤了元气。当国民党蒋介石悍然撕毁政协协议,袭击中原解放区,发动全面内战时,党即领导人民军队进行自卫战争,这是因为党中央早已确定了以革命的两手反对反革命的两手,揭穿了国民党假和谈真内战的面目。早在1945年8月13日,毛泽东作《抗日战争胜利后的时局和我们的方针》的演讲,分析了战后形势进而指出:按照我们的方针是不要打内战,但是蒋介石要坚持独裁和内战的反动方针,因此,今后我们要以极大的努力和耐心领导人民来制止内战,同时对蒋介石发动内战要有准备。是月25日,中共中央发表《对目前时局的宣言》,提出当前的任务是:巩固国内团结,以便在和平民主团结的基础上,建设独立与富强的新中国;并声明愿与国民党以及其他民主党派进行谈判,努力求得协议,以避免内战,奠定和平建设的基础。《宣言》表达了中国共产党争取和平民主的真诚愿望。在赴重庆谈判时,8月26日中共中央发出党内通知,说明中央同国民党进行和平谈判的方针:准备以不妨害人民根本利益的让步,以换取和平民主的局面,同时提醒全党不要因和谈而放松对蒋介石的警惕和斗争。事实上蒋介石一面同中国共产党在重庆谈判,一面却调动军队向解放区发动。解放军被迫奋起自卫,晋冀鲁豫部队在刘伯承、邓小平指挥下,于9月至10月上旬,取得了上党战役的胜利,歼敌3.5万余人,迫使国民党在《国民政府与中共代表会谈纪要》上签字。蒋介石违反《会谈纪要》,继续调遣部队沿同蒲、平津、津浦等线向华北、东北发动猛烈进攻,解放军在上述战线上组织战役,消灭和阻止来犯之敌,争取全国和平局面的出现。11月,晋冀鲁豫部队取得了邯郸战役的胜利,连同平绥、同蒲、津浦等战役,共歼敌9万余人,沉重地打击了蒋介石的内战阴谋。此时,美国总统杜鲁门于12月25日发表对华政策,赞成中国"召开全国主要政党代表会议,以谋早日解决内争",并派马歇尔来华"调处"内战。26日,苏、美、英三国外长在莫斯科会议也表示:"国民政府各级机构中民主党派的广泛参加以及内部冲突的停止,均属必要。"翌日,中共代表以无条件停止内战的书面建议交给国民党政府代表,在此内外舆论压力下,蒋介石不得不同意谈判停战。1946年1月10日,国共正式达成《停战协定》。1月10日,政治协商会议开幕,会议通过了关于政府组织问题、和平建国纲领、国民大会问题、宪法草案问题、军事问题五项协议。这都是中国共产党努力和国民党斗争中争取得来的。但是蒋介石毫无诚意。4月在参政会上公开推翻五项政协协议;5月,国民党军在东北大打,侵占我四平、长春、吉林等地;6月大举进攻中原解放区,悍然发动了全面内战。

中国共产党早有准备,立即开展自卫反击战争,把原来"向北发展,向南防御"的方针改变为"巩固华北,争取东北,坚持华中"的方针。对东北战局亦发出了《建立巩固东北的根据地》指示,明确提出"让开大路,占领两厢"的方针,采取以农村包围城市的战略;并提出十大军事原则,以消灭敌人的有生力量为主要目标,一场伟大的解放战争开始了。在如此复杂的国际国内形势下,中国共产党以清醒的头脑应对,顶住了国际共产主义运动中右倾逆流,就没有像欧洲共产党那样妥协后被资产政府赶下台,而被日益削弱。恰恰相反,中国共产党领导人民解放军取得了解放战争的伟大胜利,建立了中华人民共和国。

7. 渡江战役

我撰写过《渡江战役几个问题的评析》一文,提出了几点见解。

(1) 渡江战役的历史背景。渡江战役从军事上说,是在我强敌弱的态势下,继三大战略决战后,为了歼灭长江以南国民党的主力而进行的又一次战略性大战役。可是,渡江战役更有其重要的政治背景,它涉及要不要将革命进行到底的问题,是关系到中国命运的大问题。

三大战役后,革命的胜负基本定局。但是蒋介石统治集团不甘心失败,企图采取和谈阴谋,以使获得喘息机会,妄图东山再起。1949年蒋发表元旦文告,提出愿意和共产党谈判,自己宣告下野,推出李宗仁做代总统,自己在幕后操纵。他授意李宗仁关于和谈方针是"备战求和,仍然以整饬军事为重"。他妄图借谈判之机,在美国援助下,重新编练200个师,准备再战,而李宗仁亦想通过和平谈判,达到划江而治的目的。他不仅派出代表团和共产党谈判,而且向苏、美、英等使节提出由国际出面调停。还有一些好心人士从体恤民情、避免再战而要求共产党适可而止。当时出现了一股以长江为界形成南北朝的政治空气和压力。在这种形势下,要不要渡江作战解放全中国,还是划江而治,尖锐地摆在共产党和人民面前。以毛泽东为代表的党中央深知蒋介石的为人和他的和谈阴谋。所以毛泽东发表了元旦献词《将革命进行到底》,英明地回答了这个问题。这就是渡江战役重要的政治背景和政治意义。

(2) 渡江战役的军事定位。有三种说法,一种认为是一次战略性的战役;另一种认为是继三大战役后的第四次战略决战;再一种认为是战略追击阶段的战役。这些看法都有一定的道理,可不够确切完整。从渡江战役发展情况来看,开始是战略性战役,因为渡江战役是解决将革命进行到底的战略性战役,可是从渡江开始,国民党军不堪一击,迅速崩溃,这就形成了追击的局面。4月21日粟裕、张震即致电总前委和中共中央,提出:根据中突击集团渡江后抵抗甚微的情况,我应乘登陆胜利之威,迅速展开,插向敌之纵深。如此不仅无暇调整部署,且将促成敌之与日俱增大混乱,达成分割包围。总前委接到此电与刘伯承、谭震林等报告,立即决定要求各突击集团:渡江任务业已完成,我军今后力争迅速完成东西打通联系,割裂敌人,截断浙赣线。二野、三野随即分路大追击、大穿插、大迂回,仅用43天时间,歼敌43万人,解放苏、浙、皖、赣、鄂、闽、沪一部和全部,胜利地结束了渡江战役。可见,渡江战役应是解放战役时期转入战略追击阶段的第一次战略性战役。

(3) 渡江战役的时空观。就是研究渡江战役是什么时候开始的,它的范围有多大,分成几个阶段,什么时候结束。通常的说法,渡江战役是1949年4月21日,毛泽东、朱德以中国人民革命军事委员会主席和人民解放军总司令的名义联合发出的《向全国进军的命令》为渡江战役的起点,至5月27日,上海解放为止,宣告渡江战役的结束。事实上,1949年20日20时,中突击集团(三野第七、第九兵团)在谭震林率领下,从枞阳至裕溪口段百余里的江面上首先发起进攻,在繁昌至铜陵段突破,第27军第79师235团1营3连5班首先在夏家湖附近登陆上南岸,成为百万雄师中

119

的渡江第一船。陈毅率第九兵团和第 10 兵团发起上海战役于 5 月 27 日解放上海,6 月 2 日解放崇明。不要忘记,渡江战役中还有第四野战军的两个军组成先遣兵团于 5 月 14 日在武汉以东到武穴之间强渡长江,17 日,解放武汉三镇。由此可见,渡江战役完整的正确的时空观,应该说:从 1949 年 4 月 20 日 20 时起,经过 4 月 21 日、5 月 14 日先后渡江,至 6 月 2 日解放崇明结束。参加部队有二野 35 万人、三野 65 万人、四野 12 万人,部队共 112 万人先后在长江一千多里的江边,横渡长江,确实是百万雄师强渡千里长江,其声势之浩大,在中国以至世界的战争史上是罕见的。渡江战役的第一阶段是突破江防,解放南京;第二阶段是追击围歼逃敌,进逼武汉、上海;第三阶段是先后解放武汉、南昌,特别是解放上海。渡江战役以 43 天时间,歼敌 43 万人,缴获各种火炮 2350 余门,汽车 13000 辆,坦克、装甲车 120 辆,舰艇 72 艘,以及大量军需物资,解放城市 120 多个,战役的时间比预期短了一半,战役的目标比预期多了一半,确是个大胜仗。

(4) 渡江战役的反帝斗争。渡江战役有一个很大的特色即同帝国主义武装进行作战。究竟是什么一回事?是不是像帝国主义所说的是人民解放军先开第一枪?回答是否定的。事实是这样的:在人民解放军积极准备渡江作战时,有一批英美舰艇在长江中下游,有英舰曾逆水而上窥察我江防军情,解放军本着不开第一枪的原则,不予理睬。帝国主义分子历来认为中国人民好欺侮,于 4 月 20 日上午 9 时,英舰"紫石英"号等多艘军舰擅自闯入解放军防区,不顾解放军警告,竟然向我阵地开炮,伤我士兵,解放军炮兵部队即予以回击,英舰舰长史塞纳少校当场中弹倒下,军舰亦被击伤,逃至镇江三江营附近搁浅。是日 13 时,停泊在南京的英舰"伴侣"号下驰去接应"紫石英"号,又被解放军炮兵击伤后向东逃走。4 月 21 日上午,英舰远东舰队副总司令梅登中将率旗舰"伦敦"号和快速舰"黑天鹅"号逆江西上,再次发生炮战,被解放军炮火击伤后东窜。三次炮战,共毙伤英军111人,包括舰长、副舰长4人。人民解放军伤亡官兵252人,阵地和武器被击毁一部。长江炮战事件,震惊世界。英国议会进行讨论应对,反共急先锋丘吉尔叫喊航空母舰到中国海上实行武力报复,首相艾德礼则胡说英国军舰有权利在长江行驶,因为得到国民政府的许可,并造谣说解放军要"紫石英"号协助解放军渡江。对此中国人民解放军总部发言人在4月30日发表声明,对丘吉尔等人的谬论予以严肃批驳;庄严宣告:中国的领土、主权,中国人民必须保卫,绝对不容许外国政府来侵犯;严正要求英、美、法在长江、黄浦江和中国其他各处的军舰、军用飞机、陆战队等项武装力量,迅速撤离中国的领水、领海、领土、领空,不要帮助中国人民的敌人打内战;并郑重声明:中国人民革命军事委员会和人民政府愿意考虑同各外国建立外交关系,这种关系必须建立在平等、互利、互相尊重主权和领土完整的基础上。声明表达了中国人民不怕威胁,坚决反对帝国主义侵略,并愿和一切尊重中国主权的国家建立外交关系的严正立场。在站起来的中国人民面前,英美武装力量不得不灰溜溜地撤走了。从此,帝国主义军队侵驻中国大地100多年的国耻历史,永远一去不复返了。这就大大长了中国人民的志气,使爱国主义精神进一步发扬。所以,渡江战役中同帝国主义作战的事件必须浓浓地写上一笔。

8. 上海战役

为纪念上海解放70周年,我撰写了《中外战争史上的奇迹》一文,获得上海市社联"优秀论文奖"。我的观点主要是任何事物或事件的运动和发展都是诸种因素合力而形成的,仅看到某一方面即作出判断或结论将会是片面的,不能得出客观结论。上海战役亦是如此。

上海战役打得如此漂亮,上海解放如此平稳,上海接管如此顺利,偌大的国际大都会如此完整地保存下来,这是中共中央英明的战略布局,是第三野战军高超的作战艺术,是上海地下党领导上海人民积极全面的配合,三者合力的凯歌,创造了中外战争史的奇迹!

(1) 中共中央英明的战略布局。1949年1月中共中央主席毛泽东针对蒋介石虚假的"和平声明",发表了题为《将革命进行到底》的元旦献词,指出中国共产党领导人民,坚决排除一切障碍,包括美帝国主义可能的武装干涉,将中国革命到底,决不容许半途而废,这为上海解放战役指明了明确的政治方向。1月6日至8日,党中央召开政治局会议,讨论并通过毛泽东作的《目前形势和党在一九四九年的任务》的报告,清晰分析国民党军事力量已经基本被消灭,中国阶级力量的对比已经根本变化,广大人民群众是大群大群地脱离国民党影响而站到我们方面来;从而提出17项工作。第一项即"一九四九年夏秋冬三季,争取占领湘、鄂、苏、皖、浙、闽、陕、甘九省的大部",要求各级贯彻执行。3月党中央召开七届二中全会,全面讨论并制定了如何争取全面胜利和建设新中国的路线、方针和政策。在会议期间,毛泽东专门召集华东局领导人讨论上海解放问题,并提出解放上海的方针是"慎重、缓进"。当时党中央着重考虑两个问题:一是美帝武装干涉;二是上海接管不好,停电、停工,造成混乱。为此,中央作出重大战略部署,在渡江战役胜利后,第二野战军进占浙赣线,作为战略后备队,以应付美帝可能进行武装干涉,由三野负责上海战役。同时对上海的接管又作了系列部署,早在1948年,中央即电上海局选派30~50名干部到东北学习城市管理;1949年2月又致电各地,抽调干部随军南下,华中局和华东局要抽调15000名干部加以培训,这才有后来的丹阳集训。党中央进入北京后,即在六国饭店邀请民主党派和社会贤达开会,听取他们对上海接管和建设的意见,每周开会一次;是年5月,中央令在香港的潘汉年、夏衍、许涤新等回来,要他们参加上海接管,并派专人专门负责统一战线工作,以保证上海解放的平稳和上海接管的顺利。与此同时,党中央十分关注并部署上海战役,在上海战役的前夕,毛泽东于1949年5月5日、8日、19日、20日接连以军委名义致电三野进行指导,直到22日还复电给三野,同意进攻上海的部署。由此可见,中共中央和中央军委是多么重视又多么具体地指导上海战役和上海接管的。所以上海战役创造战争史上的奇迹,是在党中央的战略部署下取得的。

(2)第三野战军对上海战役的高超的作战指挥艺术。人民解放军渡过长江后,如秋风扫落叶般向江南大地进行战略追击。国民党任命汤恩伯为京沪杭警备总司令,集聚8个军,加上30多艘军舰、120架飞机,共20余万人盘踞在上海地区,负隅顽抗。蒋介石向属下叫嚷:坚守上海六个月,局势会发生重大变化。他实际意图是尽量把上海的金银财宝和重要物资与设备乘机运往台湾,亦企盼美国会出兵干涉,引起国际局势的重大变化。可见上海战役在战争全局中的重要地位。中央军委要求三野在夺取上海时,既要及时歼灭敌人,又要使上海市区免遭炮火损坏,以利日后建设。三野司令部根据中共中央和中央军委的指示和上海具体情况制定了"长围久困""实施突击""两翼钳击"三个作战方案进行比较研究。粟裕经过周密思考,认为上海情况特殊,有500多万人口,生活资料依靠外地运往,长期围困,人民生活将陷于绝境;而敌军因有海上通道,我们围不死,所以长期围困的战法不可取。选择敌人防御薄弱的苏州河南实施突击,伤亡可能减少,但主战场在市区,城市会被打烂,所以这个战法亦不可取。把攻击重点放在钳击吴淞口,敌为保海上通道,必会集中兵力在吴淞口与我决战,这就可把敌人引到市郊进行歼灭,避免在市区进行大规模的战斗,使城市少受破坏,达到完整接管的目的。此案是设想的最佳方案。于是三野司令部将"两翼钳击"方案先后向前总和中央上报,获得批准,然后按此方案布置兵力。三野决定以第九兵团和第十兵团由太湖南北走廊出发,从浦东、浦西两翼迂回,以吴淞、高桥为目标,钳击吴淞口,吸引敌军,聚而歼之。为了不破坏城市,还规定入市区后即用轻武器作战,不准用重武器,这就增加了作战的难度。哪有一个军队面对敌军拥有飞机大炮的层层设防、碉堡林立的防线,竟然不准用炮击,而是用轻武器进攻的?！而上海战役中人民解放军硬是用轻武器,运用灵活机动的战略战术,打垮了敌军,把上海完整无损地解放,这不能不说是中外战争史上的奇迹！

在军事准备就绪之时,更在于做好政治准备。上海解放要等待接管工作充分准备之后,才能进行军事进攻。陈毅司令告诫各级指战员,上海战役"好比瓷器店里打老鼠",单纯军事上的胜利是小胜,只有完整地把上海交给人民才是大胜、全胜。因此,三野在政治准备上抓住四件事:一是加强形势任务教育。主要是入城政策纪律教育、外交纪律教育、管理城市纪律教育,要求全体指战员必须人人熟记,个个遵守。二是加强接管上海的准备工作。1949年5月,集中5000多名干部在丹阳集训;进行人事安排;统筹上海人民的生活安排;统战工作,主要是稳定民族资产阶级,恢复生产。试问:中外各国有哪个战争在还未开打之前,还不知道战争打多少时间、战争胜负之前,就花那么多的时间和精力,作如此具体详尽的关于接管的筹备工作,竟把上海各个方面、从上到下的所有机构编制和干部配备,全部做好;把人民的生活安排好;将城市活动、社会治安、财政经济全方位地做好准备工作。这亦是战争史上的奇迹。

在万事俱备后,中央即下令三野发起上海战役。根据中央军委指示,三野司令部于5月10日下达了《淞沪战役作战命令》,分两个阶段:第一阶段从12日起,钳击吴淞,断敌海上通路;第二阶段待接管上海工作准备就绪后,向市区发起总攻,解放全上海。我军的钳击方案果然奏效,国民党军队怕断其后路,不得不分兵出击顽抗。在浦东高桥地区,双方展开激战,终于敌军被歼,第九兵团控制了高桥东北的海面。第十兵团在包围宝山月浦镇后,一时形成对峙局面,粟裕亲自调整战术,下达指示;作战部队在接到指示后,总结经验,改变战术,终于在5月19日一举攻下了月浦、杨行,完成了钳击任务。经过10天的外围和郊区作战,完全击破了汤恩伯在淞沪的防御体系,迫使其主力集中在吴淞口两侧,使市区兵力空虚,为我军发起总攻占领上海市区创造了有利条件。粟裕在得知汤恩伯逃离上海,即提前于23日发动总攻,25日解放上海苏州河南地区,27日解放苏州河以北地区,至此,上海全部解放,回到了人民的怀抱。

上海战役经16天昼夜激战,共歼敌15.3万人,缴获大量武器弹药与物资装备。人民解放军有23000余人负伤,7612名指战员和72位民工为上海的解放献出了自己宝贵的生命,将永垂史册!

上海是个国际大都会,是中国经济文化中心,有500万人,全市工厂商店遍布,高楼大厦林立,文化教育机构密集,居民住户万千,经过一场激烈的战争,竟然能完整地保存。几十万部队开进上海,不住民宅,不扰百姓,全部睡在马路街头,就连军长亦不例外,27军军长聂凤智把行军床在人行道上一放即睡。上海老百姓(包括作者)一觉醒来,走上街头,一切照常,水电供应没断,报刊通信畅通,公共交通照常行驶,商店酒家、娱乐场所照常营业,上海好似没有经历过一场激烈的战争,这真是中外战争史上的最大奇迹!

(3)上海地下党领导上海人民开展卓有成效的里应外合的斗争。1949年1月,中共上海局即发出文件《京沪一般形势的特点及当前的基本方针与我们具体工作》,指出:我军在大江两岸歼灭敌人主力的胜利斗争是不会很远了。这一胜利的发展,就是京沪的解放。我们当前的具体基本方针是积极地、广泛地发展力量,巩固与扩大核心,加强重点工作,依靠基本群众,团结人民大多数的原则上,来彻底解放京沪与具体准备对京沪的接收与管理而奋斗。在中共中央与上海局的指示下,上海地下党即开始进行一系列的配合解放上海的工作。

其一,加强形势与政策教育。特别要地下党同志认识:上海解放后,地下党任务结束,以解放军和解放区干部为主体的重要性,在思想上、组织上与他们结成一体,积极主动地协助解放军搞好接管。正是由于这一思想教育,使解放军和解放区干部与上海地下党同志步调一致,集中力量,迅速和顺利地完成接管工作。

其二,在组织上采取相应措施。首先把在历次斗争中涌现的积极分子并符合党员标准的吸收入党,使上海地下党员增至9000人,这为上海护厂、护校斗争,配合解放上海,提供了重要的组织保证。其次是调整党组织,加强集中统一领导。再次是为最大限度地把群众组织起来,恢复"上海人民团体联合会",统一领导各群众团体,在联合会下成立武装指挥部,对外名称为"上海人民保安队"。据不完全统计,上海人民保安队和人民宣传队约10万人,亦为护厂、护校和配合解放军解放上海起到了积极作用。

其三,广泛开展"三反四保"斗争。即反迁散、反迁移、反裁员、保厂、保业、保校、保命的斗争,上海工厂、学校、企业都组织了保护队,有力地保护了工厂、学校、企业。

其四,大力进行情报工作和社会调查。上海地下党通过各种渠道,把国民党的《长江布防图》《上海防区布防图》、国民党军队从芜湖到狄江的一线兵力、炮兵阵地的情报,国民党军队在上海的兵力配备、工事构筑以及以后国民党军准备出逃的情报,都及时地转交给上级组织和人民解放军,这为中共中央和人民解放军作出对上海的决策,都起到了重要作用。

其五,宣传政策,开展策反工作。中共上海局成立策反工作委员会,积极开展策反工作。国民党第一预备干部总队长贾亦斌和伞兵三团是蒋介石父子一手培植的嫡系部队,他们的起义促使国民党内部更加众叛亲离。上海地下党还先后策反了国民党6架飞机和"重庆号"巡洋舰等20余艘军舰、国民党机动车大队、工兵7团等多次起义,在上海促成了刘昌义及202团等部队投诚起义。

特别是争取了国民党市政府工务局局长、后代理上海市市长赵祖康与我合作,他保护了重要的资料档案,提供了国民党军队工事构筑情况,为维持上海社会秩序,接管上海市政府作出了很大的贡献。中共上海"警委"领导500多名共产党员,广大的警察员工油印了2000多份传单,附上警告信,指名道姓地发给了一些警官,使不少警官特务不得不有所收敛,有些还表示愿意保护好地方,将功赎罪,这对维持上海社会治安起到了很好的作用。在配合解放上海的斗争中,先后牺牲约百位同志,里面有中共情报人员李白、张困斋、秦鸿钧,上海公交三烈士,上海交通大学二烈士,警察局七烈士,民主党派人士黄竞武(黄炎培之子),国民党中将张权、少将李锡佑等,他们将光荣地永载史册!

1949年5月27日三野部队进驻上海,中国人民解放军上海军事管制委员会宣告成立,陈毅为主任,粟裕为副主任。5月28日,上海军管会接管上海市政府,上海市人民政府宣告成立,陈毅为市长,副市长曾山、韦悫、潘汉年。在上海的民主党派负责人张澜、罗隆基、史良、郭春涛、陈铭枢、胡厥文等12人联名发表声明,热烈庆祝上海解放,上海人民自动上街游行,热烈欢呼上海解放。上海的解放是军事上和政治上取得完胜的一次战争史上的奇迹,它具有重大的历史意义。毛泽东亲自修改新华社《祝上海解放》社论,他郑重指出:上海的解放,引起了中国人民和全世界进步人类的欢呼。这是因为:第一,上海是中国最大的经济中心,上海的解放表示中国人民无论在军事上、政治上、经济上已经打倒自己的敌人国民党反动派;第二,上海是帝国主义侵略中国的主要基地。这两种情况,使上海的解放在中国人民解放事业中具有特殊的意义。

9. 社会主义改造的再认识

我于1999年撰写了《社会主义改造的再认识》,是对社会主义改造的研究的一些自己的看法,亦受到胡绳同志的教育与启发。

一是目前的社会经济发展,促使人们对社会主义改造的反思。自1978年党的十一届三中全会以来,中国社会经济由单一的国营经济和集体经济又发展为多种经济并存的,当前不仅有国营经济、集体经济,还有个体经济、私人经济、公私合营经济,更有中外合资经济和外资经济。党和国家明文规定:非公有经济是社会主义经济的重要组成部分,在政策上要扶植和促进非公有经济的发展。这使我们感到当前社会经济和1956年社会主义改造前的新民主主义经济是相类似的,而且更加多元化。既然目前需要多种经济的共同发展,又何必当初如此急迫地进行社会主义改造?对社会主义改造再认识的问题就是这样提出的。

二是从《共同纲领》到《党在过渡时期的总路线》的突然变化。中华人民共和国第一个大宪章《共同纲领》规定:新中国有五种经济成分,即国营经济、合作社经济、个体经济、私人资本主义经济、国家资本主义经济;各种社会经济在国营经济领导下,分工合作,各得其所,以促进整个社会经济的发展。这明确表明,新中国是民主主义社会,是发展五种经济分工合作的新民主主义经济,没有提到社会主义。当时曾有民主人士建议要在《共同纲领》中写上社会主义,共产党中央抱着非常慎重的态度,都说暂时不提,刘少奇代表党中央对此作了说明:"因为要在中国采取相当严重的社会主义的步骤,还是相当长久的将来的事情。"毛泽东回答民主人士说:"过渡到社会主义大概二三十年吧。"毛泽东给黄炎培的复信中又说:"资产阶级当作一个阶级,在现阶段,我们只应当责成他们接受工人阶级的领导,亦即接受《共同纲领》而不宜过此限度。"周恩来亦说:"毛主席的方针是稳步前进,三年恢复,十年、二十年发展。发展新民主主义经济可能要十年、二十年。以毛泽东为代表的中央领导这样的认识是基于新民主主义的理论与实践。但是随着国家财政经济迅速根本好转,毛泽东对实现社会主义的思想发生了变化。1952年9月他在一次中央书记处会议上说:我们现在就要用十年至十五年时间基本上完成向社会主义的过渡,而不是十年或者十年以后才开始过渡。这是个重大变化,从此以后,党中央已不再讨论何时向社会主义过渡,而是讨论从现在起多少年向社会主义过渡的问题。1953年6月,毛泽东在中央政治局会议上,开始批判"确立新民主主义的社会秩序""由新民主主义走向社会主义""确保私有财产"等是错误观点,提出党的任务是在十年至十五年或者更多一些时间内,基本上完成国家工业化和社会主义改造。9月24日在发布庆祝国庆四周年的口号中,提出了这条总路线;12月中共中央宣传部发出过渡时期总路线的宣传提纲,作了完整的论述,即:从中华人民共和国成立,到社会主义改造基本完成,这是一个过渡时期。党在这个过渡时期的总路线和总任务,是要在一个相当长的时间内,逐步实现国家的社会主义工业化,并逐步实现国家对农业、手工业、资本主义工商业的社会主义改造。可见,仅隔一年,党的方针政策发生了明显的变化。这对在《共同纲领》中不提社会主义,并作了详细阐明的这段历史事实,又该作如何解释呢?

对于上述问题,我的观点是:

(1) 历史的必然性和现实的可能性的明显差距。为了阐明过渡时期总路线的正确,就得论证这条总路线的必然性。于是从中国近代史的经验教训,得出中国必须走社会主义道路,新民主主义是为社会主义作必要的准备;新中国三年的巨大成就,社会主义的因素大大增加,因此,社会主义的改造是中国社会发展的必然结果。可是恰恰遗忘了最为重要的一点,即社会发展史,从根本上讲即生产力和生产关系矛盾运动发展史,正是生产力的不断发展,才使社会由原始公社到奴隶社会、封建社会再发展到资本主义社会,再发展到社会主义社会,再发展到共产主义社会。而旧中国是半殖民地半封建社会,新民主主义革命是为发展资本主义扫清障碍,为社会主义作好准备,从社会性质上讲,实质上是资产阶级的民主革命。因此,新民主主义革命胜利后,新中国的主要任务是大力发展生产力,经过相当长的时间,使生产力基本上达到一般资本主义国家水平,然后过渡到社会主义,这才符合社会发展规律,这亦是新民主主义的理论。新中国成立后三年,仅仅恢复到旧中国的生产水平,资本主义的成分没有增加多少,国营经济刚刚起步,许多基础工业部门都未建立,农村的生产力亦刚刚解放,还处在小农经济的水平,这样的生产水平就能过渡到社会主义? 可见,过渡时期总路线在1953年提出超越了当时中国生产力的水平,超越了当时中国社会经济的实际水平。从认识论上看,这是对中国实现社会主义的认识还停留在"必然王国",没有飞跃到"自由王国"。

(2) 关于"社会矛盾日益尖锐化"的论断。当时的许多论著一致论述中国社会矛盾在加剧,如"分散落后的个体经济同人民与工业化对农产品不断增长的需要之间的矛盾日益突出";土改后农村"开始出现一些贫富分化现象";"资本主义企业同国家、社会以及本企业职工利益之间的冲突也越来越明显";总之,工业化建设的发展,"这些矛盾也日益尖锐",为了解决这些矛盾和问题,"就不可避免地把国民经济的社会主义改造提到议事日程上来"。从实事求是的思想路线出发,这些论断是值得商榷的。

分散落后的个体经济同人民与工业化对农产品不断增长的需要之间的矛盾,确是客观存在的,问题是怎样来解决。一种方法是党和国家制定政策和采取措施,提高农民的生产积极性,运用各种形式,大力发展农业经济,来解决这个矛盾。另一种方法是大家看到的,即急速把农民组织起来,由互助组到初级合作社到高级合作社再到人民公社,亦即对农业实行社会主义改造,企图解决这个矛盾。这两种方法的根本分歧点是前一种方法是通过解放和发展生产力来解决矛盾,后一种却是通过不断地改变生产关系来解决矛盾。近二十年的实践检验证明,前一种方法是正确的,是符合生产关系必须适应生产力发展的矛盾运动规律的;后一种方法是错误的,这种"拔苗助长"的做法,是不符合社会生产发展规律的。

关于土改后开始出现贫富分化现象的论调是完全不符合实际的。大家知道,新中国实行土改从1950年起到1953年才全部完成,农业生产的收获时间是长的,是按年来计算的。试问:刚刚获得土地的农民,在不到一年时间就出现贫富分化的现象,有什么具体调查材料或统计数字来说明整个中国农村出现了贫富明显分化的现象。我作为亲身参加过土改的工作队员,深深知道中国农民的贫穷是世界上所少见的,怎能在一年之内就成了富家?也许个别老区的个别村出现贫富略有分化的现象,这不能作为一个全局性的问题。可见,这种论调不是从实际出发得出来的科学论断,而是为加快对农业实行社会主义改造有意制造的理论依据。

关于资本主义企业和国家、社会和内部职工之间的矛盾冲突越来越明显,而且随着工业化的发展,矛盾日益尖锐的论调,同样是完全不符合实际的。资本主义企业同国家、社会和企业内部职工之间的矛盾是客观存在的,但是在1953年这种矛盾冲突并不是越来越明显和日益尖锐化。众所周知,1952年党刚刚发动了为反对资产阶级猖狂进攻的"五反"运动,资产阶级服罪服法地接受工人阶级的领导,党和国家在"五反"运动后调整了与资产阶级的关系,使资本主义工商业继续有所发展,资本主义工商业的总值,1952年比1949年相比增长了54%。可见,资产阶级同工人阶级的矛盾有了一定的缓和,怎么到了1953年这个矛盾冲突就越来越激化了?这种论调不能自圆其说,而且漏洞百出,无法令人信服。综上所述,这些论调根本不符合当时中国社会经济的实际情况,只是为了向人民群众宣传提出社会主义改造的必要性、正确性、及时性而制作出来的假设,是反科学的。

(3)提出社会主义改造的理论根源。1953年提出的社会主义改造,原本还是设想有十年至十五年的一个相当长的时期,但结果,仅用了三年时间即完成了社会主义改造,仅仅用"过快""过粗"的评论是说不过去的,实质的问题是"搞早"了,以致后来不得不以社会主义初级阶段来进行补课。为什么原来正确的新民主主义建设,发展社会生产力,后来却突然提出社会主义改造呢?直接导因是国家的财政经济出乎意外地迅速恢复与发展,取得了巨大的成就,造成头脑发热,急于求成,乃至不顾实际地要想早日进入社会主义。深层次的理论根源乃是民粹主义。民粹主义是19世纪在俄国出现的一种思潮,基本观点是不经过资本主义直接从小农经济发展到社会主义。这种思潮在五四运动后,在中国有相当大的影响,以毛泽东为代表的中国共产党人在接受马克思主义后,批判了民粹主义,提出了新民主主义理论。正因为解决好了这个问题,所以新民主主义革命取得了胜利。但在新中国建立后,民粹主义又回潮,这种思潮,不仅反映在社会主义改造上,后来还反映在"大跃进"、人民公社化运动中,反映在"文化大革命"中。民粹主义表面上看起来很革命,非常反对资本主义,十分热衷于社会主义,但实际上是行不通的,是主观唯心主义,是错误的。

(4)社会主义初级阶段是否定之否定规律的体现。正确的新民主主义发展阶段被过早实行社会主义改造而否定,这个否定使中国社会主义建设遭到挫折,二十年的上层建筑的阶级斗争,使中国更落后于世界。痛定思痛,以邓小平为核心的党中央深刻认识到中国是一个人口多、底子薄的落后贫穷的国家,是处在社会主义的初级阶段,这个阶段要经历五十年到一百年的时间,主要任务是解放生产力,发展生产力。这个否定之否定,就把中国的社会主义建设纳入符合中国国情的正确轨道。我们不是回到新民主主义阶段,而是认定和坚持社会主义初级阶段,这是非常正确的。唯物辩证法的否定之否定的规律是揭示社会螺旋式地向上发展的规律。在对社会主义改造再认识之后,使我们更深刻地认识到邓小平的具有中国特色社会主义理论的伟大和正确,更深刻地理解社会主义初级阶段的正确。所以,我们要高举邓小平理论的伟大旗帜,将中国特色的社会主义推向21世纪!

10. 伟大的成就与基本的经验

在中华人民共和国成立70周年之际,我撰写了《伟大的成就 基本的经验》一文在党史学会上作了发言,并得到社联的表彰。

中华人民共和国成立70年,是中国近现代史上经济发展得最快,人民生活提高得最快,社会进步得最快的70年。中国从一个落后的半殖民地半封建的国家,在中国共产党的领导下,在中国化马克思主义理论指导下,取得了新民主主义革命的胜利,建立了中华人民共和国,经过国家财政经济的根本恢复与好转和社会主义改造,进行了中国特色社会主义的建设,已经成为国际新兴的经济体,正在向现代化强国阔步前进。

中华人民共和国70年的伟大成就表现在:

(1) 独立、自由、民主新中国的诞生。中华人民共和国刚成立时,由于长期战争创伤,满目疮痍,经济凋蔽,市场萧条,民不聊生;加上帝国主义的军事威胁、经济封锁、政治孤立,国民党的骚扰破坏,真是困难重重,百废待兴。在中国共产党领导下,在新民主主义的《共同纲领》指导下,全国人民热情高涨,奋力工作,经过恢复生产、三大运动,仅仅三年左右,即胜利地完成民主革命遗留下来的任务,国民财政经济根本好转,各级人民政府已经建立,新生的人民共和国巩固了,这为进一步的社会经济建设奠定了坚实的基础。

(2) 创造了大国经济的奇迹。旧中国原本是个落后的农业国,没有什么工业,一切工业品都是从外国进口的。经过70年的建设,中国有了独立完整的国民经济体系,各种门类齐全,能够制造宇宙飞船、飞机大炮、潜艇航母、高铁汽车和人民所需生活资料,是世界制造大国。现在生产方式正由劳动密集型向科技密集型转化,产品由低级向中、高级提升,成为世界新兴的经济体。中国创建了中国特色社会主义市场经济体制,不仅有全民公有制,而且有私有制、混合所有制和外资企业,共同发展,使中国经济保持高速持续、稳定、健康地发展,其经济总量已居世界第二位。中国第一次解决了十几亿人口的温饱问题,正在消灭贫困村户。这是世界奇迹!

（3）确立了符合中国国情的社会主义政治制度。近代中国在帝国主义侵略和封建主义压榨下,沦落成一盘散沙、四分五裂的反动专制的半殖民地半封建的国家,经过70年的建设,建立了人民民主专政和各党派协商的政治制度,不断完善社会主义民主与法治,人民政权日益巩固。建立了社会基层组织健全、团结和睦、具有强大凝聚力的多民族国家,香港、澳门先后回归祖国,海峡两岸同胞的关系有了很大的发展,基本上解决了过去一盘散沙和四分五裂的局面。1840年后的109年,由于国力衰弱,祖国陆续丧失了300多万平方公里的领土,现在已经拥有强大的军事力量,多次挫败了帝国主义、霸权主义的侵略和武装挑衅,人民解放军已经是能够抵御任何外来侵略的钢铁长城。

（4）现代文化科技的飞速发展。经过70年,建立了中国特色社会主义文化,思想理论、文学艺术、音乐戏剧,呈现出百花齐放、百家争鸣的繁荣景象。体育事业飞速发展,医疗卫生明显改善,全民健康大大提高,人均寿命由原来的35岁飞跃到72岁,"东亚病夫"的帽子摘掉了。科技有了巨大进步,我们发射了"两弹一星"和神州系列的载人宇宙飞船,建立了"北斗"导航系统,现在5G、互联网、生物医药、量子科学、生命科学等方面都有新的突破和自主创新产品。

总之,从原来一个受尽帝国主义侵略的贫穷落后、四分五裂的半殖民地半封建的国家,已经成为独立自由、民主团结、繁荣富强的社会主义新中国。

中华人民共和国建设的基本经验集中到一点,即在中国共产党领导下,在中国化马克思主义理论指导下,走中国特色社会主义道路。

一要坚持中国共产党的领导。中国共产党肩负历史使命是中国近代历史发展的必然结果。中国共产党领导新民主主义革命胜利是中国现代历史发展的必然结果。中国共产党领导新中国进行了70年的中国特色社会主义建设,党犯了错误,总会由党内的健康力量加以纠正,因为中国共产党是中华民族的精英所组成的。中国共产党已拥有9000万名党员,是各行各业的先进者,是领导我们实现中华民族伟大复兴的核心力量。

二要坚持马克思主义的中国化。中华人民共和国70年的历史经验告诉我们:必须以中国化的马克思主义理论作指导。因为马克思主义的普遍原理只有和中国具体实际相结合,才能正确指导中国的革命和建设。从1919年五四运动马克思主义在中国传播开始至今已有100年,这100年不是一帆风顺的,是有曲折反复的,大致这样几个阶段:向苏联学习,马克思主义中国化一波三折;新民主主义共同纲领的制定,中国工业化基础的初步奠定;马克思主义中国化的中断,"文化大革命";马克思主义理论和中国具体实际重新相结合,邓小平理论的提出;总结40年改革开放经验,习近平新时代中国特色社会主义理论的形成。

二、抗日战争史研究

中共党史研究之外,我对中国抗日战争史也做过专门的研究。我的抗战史研究始于在中共中央党史研究室时期,起因是我在中国人民大学党史系特别班进修时期的班主任龚古今老师邀请我参与撰写《中国抗日战争史稿》,由此,我开始涉足中国抗战史研究。1983年,该著作出版。此后,我又相继发表过一些关于抗日战争的著作和专题论文。

(一) 著作

1.《中国抗日战争史稿》

这部著作是新中国成立以来第一部全面系统论述抗日战争的学术专著,有一些独到的贡献。

其一,从史料上说,凡是当时的条件下能够找到史料的地方基本上都去了,从中央档案馆、军事科学院、军事学院、中国历史博物馆、中国人民大学、北京大学、中央党校,甚至南京军区(搜集新四军抗战的史料)。由于"文革"刚结束,许多地方各种制度尚未恢复,加上龚古今老师认识一些有关同志,因此看到了不少史料,如在中央档案馆找到琼崖党组织给中央的一份手稿,这份手稿详细汇报了琼崖革命根据地自1927年第一次大革命失败后建立起来,同国民党军队进行斗争,到抗日战争时期与日军进行战斗,一直到解放战争取得胜利的历史。这是以前从未见过的资料,十分珍贵。我把它全部手抄下来,把其中抗日战争部分写进《中国抗日战争史稿》一书中。此后我再也没有看到比这更详实的琼崖革命斗争史料。

《中国抗日战争史稿》

其二,采用不少中国历史博物馆和新华社所提供的珍贵照片。

其三,关于皖南事变后蒋介石在政治上孤立的问题,以往具体史料不多。我翻阅了大量的报纸,搜集到不少可以说明这一问题的资料,并写入书中。

其四,该书中开始论述国民党政府的抗战历史,如九一八事变、长城抗战、"一·二八"淞沪抗战、七七事变、八一三淞沪抗战、武汉会战等。当时正处于拨乱反正之初,因此对国民党正面战场写得还很不够,有些抗战史料当时尚未好好地挖掘,但是在消除"左"的思想方面迈出了第一步。

其五,提出了中国抗日战争在世界反法西斯战争中的地位与作用。如第一次提出七七事变和八一三淞沪抗战是第二次世界大战的起点;论述了中国抗日战争在世界反法西斯战争中的地位与作用;中国军民的抗战、美军的对日作战、亚洲人民的反日作战,决定了日本军国主义的失败等观点,都是进行独立思考而得出的看法。

2.《上海抗日战争史通论》

该书是1996年中共党史学会学者编写的"上海抗日战争史丛

书"(共10卷,上海市社联"九五规划"的重大课题)之一。近20位专家学者参加撰写。后获得上海市哲学社会科学优秀成果奖著作一等奖。这是党史学会获得的唯一一次一等奖。2015年再版,当时市委宣传部部长徐麟撰写了序言。这套丛书的第一本《上海抗日战争史通论》是我撰写的,这部著作比较系统地阐述了我的关于上海地区抗战史的学术观点。

(1) 上海抗日战争的社会基础。上海作为通商口岸是中国沦为半殖民地半封建社会的产物,上海的发展深深烙上半殖民地半封建的烙印。上海是帝国主义对中国侵略和掠夺的重要基地,亦是西方资本主义文明最早的传播基地。上海既是中西文化冲撞的前哨阵地,又是中西文化融合并向内陆辐射的主要阵地。上海既有中国政府管辖的华界,又有西方列强统治的租界,随着时间的推移,租界地越来越大,是西方在华最大的租界地,成为西方列强在中国的"国中之国""飞地""冒险家的乐园"。华界在受到西方影响之下,亦加快建设步伐,曾制定了大上海建设计划,因日本的侵略而搁浅。西方列强在上海大力投资,建立工商金融企业、文教新闻事业、通信运输设施,为的是更多地剥削中国人民,获取最大限度的利润;另一方面也刺激了中国资本主义的发展,上海成为民族资本家的集中地、工人阶级的大本营、人文荟萃之地。上海是英、美、法以及后来日本着力经营的重要地区,同时又成为矛盾的焦点,既有中华民族与帝国主义之间的矛盾,又有西方帝国主义之间的矛盾,特别是英、美与日本之间的矛盾,还有中国人民同大地主、大资产阶级及其政治代表国民党之间的矛盾。上海这种两重性造成了上海抗日的特点。

上海不仅是帝国主义对中国侵略的重要基地,而且具有反侵略的爱国主义光荣传统,是中国近现代革命的摇篮。鸦片战争中吴淞将士的英勇御敌,坚守阵地,总兵陈化成为国捐躯,威震中外。太平天国运动勃起,小刀会在上海起义响应,同清兵、洋枪队作殊

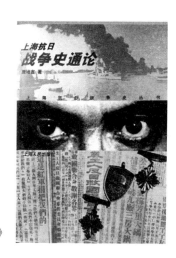

《上海抗日战争史通论》

死战斗,传为美谈。维新变法,康、梁先在上海发端,建立强学会等组织,资产阶级改良主义之风兴起,上海人的思想为之一新。武昌首义,上海即起呼应,打败清军,光复成功。工人阶级在上海人数最多、最集中,五四爱国运动爆发,上海工人首先参加并取得胜利,中国工人阶级开始登上政治舞台。中国共产党在上海诞生,长期领导上海工人运动,掀起爱国反帝革命风暴。国共合作,进行北伐战争,上海工人发动了三次武装起义,最后赶走了北洋军阀,与各界人士建立了上海市政府。第一次大革命失败后,上海成为文化围剿和反"围剿"的主战场,最后以进步文化反"围剿"胜利而告结束。经过多次的改良和革命的洗礼,中国民族民主革命在上海有良好的社会条件和深厚的群众基础。

一个事物的本质特点,决定了它在周围环境中的地位与作用,正是上海的这些条件与特点,规定了上海在抗日战争中的特点、发展规律、重要地位与作用。

(2)上海是日本侵略中国的重要战略目标。上海是日本垂涎已久的一方宝地。自上海由渔村成为通商大镇后,日本即来上海进行贸易。据史书载:"岛夷、闽、粤、交广之途所自出,风樯浪楫,朝夕上下,富商巨贾,豪宗右姓之所会。"岛夷即指日本。又有商船往来记载:"日本、新罗岁或一至。"说明在宋朝,中日双方已有商船往来,进行商品贸易。清嘉庆年代的《淞南乐府》中有"日本花巾胸沃雪"之句,表明上海已有东洋货了。此外,日本海盗常到上海劫掠,有史载:明朝嘉靖三十二年(1553)4月至6月,上海接连五次遭受倭寇侵袭,造成人民生命财产严重损失。上海原来没有城墙,为防倭寇的侵扰,上海官绅、光禄寺卿顾从礼向朝廷奏议:"盖贼自海入,乘潮劫掠,如取囊中之物,皆由无城之故",要求朝廷"转念钱粮之难聚,百姓之哀苦",即"开筑城垣,以为经久可守之计"。在奏请得准后,松江知府乘倭寇退走之际,于是年9月动工,11月上海县城筑成。此后倭寇又多次来犯,终未能入城抢劫,对上海人民起了一定的保卫作用,后来历代朝廷整修加固。这就是上海城墙与日本强盗的因果关系。

日本明治维新后实行对外扩张。1870年9月4日,日本外交正使柳原前光等5人到上海会晤上海道台涂宗瀛;1877年日本在上海设领事馆,2月20日代理领事品川忠道上任。1874年,日本侵占台湾,8月日本特使久保利通等乘军舰"龙骧"号抵上海转赴天津,与清签订《中日专约》,再从上海回国。1875年2月17日,日本第一家大企业三菱轮船公司在上海开业,班轮"东京丸"是日由上海驶向日本横滨。从此,上海成为日本对华扩张的重要据点之一。随着时间的推移,日本国力之崛起,它在上海得寸进尺地从经济、政治、军事、文化等各个方面进行扩张。特别是第一次世界大战期间,乘西方列强无暇东顾,日本大力对上海扩张,成为上海外资第二位,仅次于英国。至20世纪30年代,上海成为日本对华投资最集中的地方,拥有日本在华资本的24%,占中日贸易总额30.8%,在沪日侨呈直线上升之势。日资集中在纺织业和商贸业,它拥有纺织业9大公司辖32个厂,投资约2亿日元;日本所有大公司都在上海设分支机构,投资亦约2亿日元;此外在航运、仓储及中小工商业各投资约3000万日元。这样一个庞大的工商业系统,为日本人移民上海、就业、定居以及长期侵占上海创造了必要的有利条件。

上海日本侨民是促进侵略上海的重要因素。必须指出日本侨民与其他外国侨民有重要不同之点,西方侨民是因为在上海投资而侨居上海,而日本侨民是日本移民中国上海、为今后侵占上海所实行的战略措施之一。所以日本政府外务省早在1905年3月,颁布了《居留民团法》,发布了《关于成立上海居留民团并规定管辖区域的第18号告示》,上海日本侨民就是根据这些法律法规于1907年首次组成"上海居留民团"的。这些法律法规规定了上海日本侨民的法律地位是:"上海居留民团由居住在上海的日本帝国臣民所组成。其法律地位是公法人。"这就是说,上海日本侨民不仅是作为代表个人的私法人,而且是代表日本帝国臣民的公法人,具有双重身份,带有浓厚的政治色彩。因而日本"上海居留民团"有着高度自治的倾向,"居留民会议"是最高权力机构,先选举议员,由议员推选出议长、副议长、会计主任,并成立行政委员会,它们的职权是统率日本义勇军,维持界内警务,管理"居留民"的一切大事。可见,日本侨民是受日本政府支配的一支政治力量,它无视中国法律,亦轻视英、美、法租界当局的法律。据统计,1928年上海日本侨民已有26518人,他们在上海各界形成自己的社区,如法租界的吕班路(今重庆南路)以西霞飞路(今淮海中路)上有不少日本大企业和大班的住宅;在公共租界的虹口区和华界的闸北区,有不少日本中小工厂、商店和中小业主居住地,其中以虹口区为最典型。虹口区日侨最多,有些街道几乎像是日本街道,如文监师路(今塘沽路)、吴淞路、昆山路、南浔路以及北四川路等。早在1896年,日本就想有自己的租界,但遭到英美的抵制而未成。随着日本国力的强大,它在虹口区设有日本义勇军和日本警察来管理治安和维持社会秩序,并时常与华警、外国巡捕发生冲突,俨然把虹口区当成其势力范围,视它为日本的。所以一般人就认为虹口是日本租界。

上海日侨是促使日本政府发动对上海侵略战争的重要因素,对此,长期以来没有得到人们的重视。在上海除了代表全体日本侨民的居留民团外,还有日本资产阶级组织的团体。最早在1911年辛亥革命时,日本政府十分关注中国革命动向,上海日本资本家即由32家商社组建了"上海日本人实业协会",其宗旨是向日本政府报告中国时局,反映日本资本家的意见,为本国政府对华政策出谋划策,其组成成员基本上是大财团、大企业主的代表,如三菱银行、三井银行、横滨正金、丰田纺织、满铁、大阪商船、东华纺织、内外棉、日华纺织等。该组织于1919年改名为"上海日本商业会议所";1929年又改名为"上海日本工商会议所",后又成立"金曜会",每周五举行例会,通报中国国民党政府北伐战争情况,邀请日本总领事、陆海军武官参加,以密切与政府的联系。是年8月16日,"金曜会"作出决议:(1)鉴于领事馆现地交涉毫无效果,应以帝国政府的名义,严厉要求国民政府解散各反日团体;(2)由政府对蒙受重大损失的棉花商等一般贸易者低息贷款,作为对抗排日运动的持久策略。该决议案由次日回国述职的驻沪总领事矢田转交给田中内阁。可见,在沪日侨团体是带有强烈的政治色彩、与日本政府取得密切联系的主要纽带,它的要求与意见在相当程度上会对日本政府对华政策特别是对上海的政策产生重大影响。

1931年九一八事变后,中国掀起了抗日救亡运动,上海成为抗日救亡运动的中心,也是抵制日货的中心。至1931年年底,日本商品在上海进口货物总值的比例由上年的29%降到3%,日货在上海被封存的价值达10750万两白银,日本在沪企业大多被迫缩短工作时间或停业。在沪日本资本家于1931年10月11日召开第一次日侨大会,通过决议强烈要求"帝国政府采取强硬且有效的措施,以根绝不法、暴戾的对日经济绝交及排日侮日思潮"。为了使日本政府对排日运动采取断然措施,上海侨民有计划地进行了一系列活动。一是宣传上海对保持和扩大日本在华经济利益的重要性。二是反对日本政府撤走日本侨民的应急方案,主张日侨应该留在上海,并要政府加强保护。三是极力促使政府直接出兵上海。1931年11月当日军将东北主要城市侵占后,在沪日侨十分兴奋,认为正好利用"满洲事变"来促进上海问题的根本解决,乃派上海日本工商会议所米里会长回国敦促政府发兵上海。米里回国到大阪鼓动,得到大阪工商界鼓掌欢迎,正是在日侨机构鼓动下,上海形势日益险恶。1932年1月18日,日本特务机构制造和尚事件;20日下午,第二次日侨大会召开并作出决议,"请求政府增派海陆军来,以期灭绝排日运动",会后五六百日侨在北四川路示威寻衅。22日上海日本工商会议所致电日本政府,要求"立刻发出最后通牒,限期解散抗日会,灭绝抗日运动。如果中国无意答应实行则迅速派兵,行使自卫权"。28日,日本制造"一·二八"事变,向上海中国守军发动了侵略战争。

由此可见,日军发动侵略上海的战争,从总体上讲,是日本政府发动侵华战争的重要目标,而具体剖析起来,上海日侨特别是日本资产阶级促使其政府发动对沪侵略战争的作用不能低估。只有深入研究上海日侨及其社团的活动与作用,才能深刻理解为什么日本政府如此急于发动两次对沪侵略战争,并不断增加兵力,几易其帅,不达目的,誓不罢休的多方面原因。用一名中国老话来概括,日本侵略上海是"冰冻三尺非一日之寒"。

(3) 上海抗日战争的定性。上海抗日战争,一般人都认为是指"一·二八"淞沪抗战和八一三淞沪抗战,这是不确切的、不科学的。我认为上海抗日战争是指上海军民抵抗日本侵略14年的战争。换个角度来讲,从狭义上讲,上海抗日战争是指"一·二八"淞沪抗战与八一三淞沪抗战;从广义上讲,上海抗日战争是指上海军民抵抗日本侵略的战争。上海抗战是世界反法西斯战争的重要组成部分。

上海抗日战争具有如下特点:

其一,上海抗战的激烈性与残酷性。由于上海是中国经济文化的中心、政治的副中心,日本帝国主义必欲夺之而后快,中国则必定保卫上海而尽责。历史表明:日本通过三次战争,才将上海全部占领。第一次发动在"一·二八"淞沪战争,日本增兵多次,三易其帅,由少将换到大将,才签订停战协定。第二次八一三淞沪战争,日本又不断增兵,甚至将华北侵略军调到上海,整整打了三个月,才取得战争胜利,占领了上海的华界。1941年日本发动太平洋战争,当日即迫不急待地开进上海的租界地,全面占领上海。一个城市通过三次战争才全面侵占,这在第二次世界大战中是罕见的。由此可见,上海抗战的激烈性应成为第一个特点。

战争的激烈性伴随着残酷性。由于上海军民的英勇抵抗,日本帝国主义的"三个月灭亡中国"的战略目标破产,因而丧心病狂地滥施轰炸,乱烧乱杀,甚至违反国际公约多次施放毒气。在八一三淞沪战争中,日军施放毒气达24次之多,使中国军队死亡甚众。上海华界的工商业几乎全部毁损,工商业十分繁荣的闸北区瞬间变成最贫穷的棚户区。仅宝山一县,复旦、同济等高等院校及中小学大多被炸毁;烧毁民房8.77万间;用各种手段杀害平民11233人,奸淫惨杀妇女1672人,连同饥饿与疾病,有2.3万名百姓死于战祸,占全县人中的19.27%,这就是上海抗战的残酷性。但是,日本的武力恐怖并没有达到目的,反而更激起上海军民反侵略的怒火。

其二,上海抗战的艰险性与持久性。由于敌强我弱的态势、日本必欲占有上海的野心,加上上海地理位置易攻难守等因素,决定了上海抗战异常艰难险恶,又是长期持久的。日本发动的两次淞沪战争,调集精兵强将,凭借武器优势,海陆空全面发起一次又一次的进攻;而中国军队武器装备差劣,以劣势英勇抵抗,付出了巨大的牺牲。"一·二八"淞沪抗战,中国军队死亡4270余人,受伤9800余人,市民死亡806人,伤2000余人。八一三淞沪抗战,中国军队伤亡达20万余人,百姓更不计其数。在日本法西斯统治下,上海人民的抗日救亡斗争是极其艰险的,不少爱国人士因此而牺牲。如1938年2月的"恐怖人头案";4月,沪江大学校长刘湛恩被刺杀案;1939年8月,新闻记者朱公惺被暗杀;11月,上海高等法院二分院刑庭庭长郁华被刺案;12月,职工、中国共产党员茅丽瑛被暗杀,同月,工人领袖徐阿梅被绑架杀害;1940年《大美晚报》经理张似旭被杀案;1941年3月,上海中国银行职员被拘捕枪杀案;1945年9月陆蠡失踪案;等等。日伪实施法西斯恐怖手段加以镇压,可见抗日救亡斗争的艰险。

上海抗战的持久性是制约于全国抗战的持久性。日本用武力统治了上海,单靠上海人民非武装的抗日斗争,是不可能战胜日本军国主义的,所以只有全国抗战取得胜利,上海人民抗日斗争才能最后取得胜利。在整整14年中,上海人民经历了两次淞沪战争、国民党政府的多次镇压抗日救亡运动、孤岛的多边矛盾斗争、日本进行全面殖民统治等各个时期,不论形势如何险恶,也不论付出多大代价与牺牲,这条战线遭到压制或破坏,另一条战线继续顽强斗争,一个抗日志士倒下了,更多人挺身而出接替他的战斗岗位,上海人民在4938天中一刻亦没有停止过抗日救亡的斗争,而且越战越强大。

其三,上海抗战的全民性与多样性。按社会性论,上海抗日斗争最大的特点是全民性。九一八事变后上海社会各阶级阶层、各政治党派、各社会团体,都投入抗日救亡热潮。当时国民党采取不抵抗主义,共产党的力量还小,上海人民继承中华民族的优良传统,自发地亦是自觉地开展抗日救亡活动。这直接影响到第十九路军违抗国民政府不抵抗命令,英勇抗击日军而爆发"一·二八"

淞沪抗战。八一三淞沪抗战,上海各界都投入支援。八一三抗战后上海进入孤岛时期,国共两党继续进行抗日战争。随着时间的推移,国民党遭到日伪军打击后退出上海,由于共产党实行的是发动人民、依靠人民的全面抗战路线,上海各界人士更加团结一致,抵抗日本侵略者。在抗日战争中,除了极少数汉奸外,上海的工农商学兵、党政社团甚至宗教界与帮会都参加了抗日斗争。虽然存在着阶级矛盾和党派之争,但在抵抗日本侵略者面前,大家仍走到一起,以民族大义为重,本着有钱出钱、有力出力原则,大家倾囊相助,全力支援,英勇参战,壮烈牺牲。

上海工人的抗日罢工斗争连绵不断,拒卸日货、拒绝到日本工商单位做工,积极支援与参战等。著名的有"一·二八"淞沪抗战时,刘少奇、罗登贤等领导的沪西日本纱厂工人大罢工坚持四个月之久,给日本以有力的打击。上海农民不仅以粮棉副食品等支援上海抗战,更在中国共产党领导下开展郊区抗日游击战争。较大规模的有周大根领导的南汇保安团第二中队、瞿犊领导的崇明民众抗日自卫部队、顾复生领导的青(浦)东人民抗日自卫队、吕炳奎领导的嘉定外冈游击队等。经过持久抗战,到1945年发展成为有2000人的淞沪支队,活跃在上海郊区9个县,打击日本侵略者。工商界人士积极开展抗日救亡运动,发起抵制日货、提倡国货运动,以大量财物支援抗战,更有以胡厥文为代表的工商界人士进行工厂内迁运动。上海沦陷后,工商界人士依然冒着生命危险,英勇地想方设法地把抗战需要的物资运送到大后方和华中抗日根据地。上海的广大学生不单以罢课游行来表达抗日救亡的决心,而且积极参加宣传、募捐、组织义勇军奔赴前线支援与参战。著名的有上海学生三次赴京请愿,怒打外交部长王正廷,责问国民政府主席蒋介石:为什么不出兵抗日?至于官兵上下一致、英勇战斗、不怕牺牲的精神,则在两次淞沪抗战中表现得明显突出。

上述各例,充分反映了上海抗战的全民性。上海全市市民同仇敌忾,为保卫上海、支援全国抗战、打击日本侵略者作出了重要贡献,显示了全民抗战的重要性。

全民性必然导致多样性。上海军民采取各种形式与方法,对敌人展开斗争,进行全方位的抗日救亡斗争。随着敌我友态势的发展变化,上海人民的斗争形式与方法亦随之相适应而变化,以达到敌我友力量的消长向有利于我的方面发展。

(4) 上海抗日战争的发展阶段及其规律。上海抗日从1931年9月到1945年9月整整14年的历史过程,呈现出曲折发展的过程,按抗日救亡运动的起伏可划分为七个阶段:

第一阶段,1931年九一八事变至1932年"一·二八"淞沪抗战。是上海人民抗日救亡运动的兴起至上海军民抗日救亡的第一次高潮。

第二阶段,1932年淞沪停战协定的签订至1935年华北事变前夕。这一阶段是上海抗日救亡运动的低潮。

第三阶段,1935年华北事变至1937年七七事变。这一阶段是上海人民抗日救亡运动由低潮逐步兴起。

第四阶段,1937年七七事变至1937年第二次淞沪抗战。这是上海军民抗日救亡运动第二次高潮。

第五阶段,1937年第二次淞沪抗战失败至1941年太平洋战争爆发前夕。这一阶段是上海人民在当时成为孤岛的上海租界的特殊形势下,继续进行抗日救亡斗争。

第六阶段,1941年上海全面沦陷至1944年"天亮运动"前夕。这是上海人民在黎明前的黑暗中进行深入的隐蔽斗争。

第七阶段,1944年"天亮运动"至1945年9月,迎接抗战的最后胜利。这一阶段上海人民积极开展里应外合、迎接抗战胜利的斗争。

任何运动都有不以人的意志为转移的内在的客观发展规律,一般来说,事物的发展不是一帆风顺的,是有曲折的,甚至有夭折的。上海抗日救亡运动也是一波三折起伏不定,一会儿高潮,一会儿低潮,人们如果不能认识运动的发展规律,那他在高潮时就会忘乎所以,高兴过早,没有清醒的头脑作低潮即将来临的准备;低潮时只是悲观动摇,甚至敌人投降,看不到黎明的曙光,就不会为迎接将要到来的高潮作积极努力。八一三抗战失败,国民党和国民政府的党政军要员全部撤走,在上海仅留下一点力量,可是其活动的内容与方法又不对头,其结果可想而知。相反,共产党并没有因八一三抗战失败而悲观失望,而是加强上海党组织的力量,担负起领导上海人民继续进行抗日救亡斗争的重任。

上海抗日救亡运动发展的过程是时起时伏、反复曲折的,但不是机械的回复或简单的循环,而是螺旋式的上升运动,是一个由量变到质变的发展过程。从九一八事变到"一·二八"淞沪抗战这个阶段,上海人民的抗日救亡斗争基本上是自发的,是上海人民继承了中华民族优良传统的爱国主义精神的表现。在后几个阶段中,上海人民在斗争中得到了教育与锻炼,增强了对日的仇恨,提高了斗争的意志和信心。同时,上海各界人士也亲身经历了国民党的不抵抗主义、攘外必先安内的政策、片面抗战路线、消极抗日、积极反共反人民的方针,直到依靠美国抢夺抗日胜利果实的种种后果。他们对国民党由正统的领导到怀疑、动摇、不满以致反对。在这 14 年中,蒋介石在政治上从巅峰逐步下滑,直至孤立。上海人民看清了蒋介石的面目,摆脱了国民党的政治影响,这是重大进步。中国共产党在 1935 年以前执行的"左"倾路线,上海人民特别是各界上层人士接受不了,曾使自己孤立,也影响抗日救亡运动的广泛开展。1935 年遵义会议后,确立了以毛泽东为代表的新的党中央领导,恢复了马克思主义路线,制定了抗日民族统一战线政策,出现了国共合作抗日的大好局势。并深入敌后,放手发动群众,广泛开展游击战线,开辟了敌后第二战场。经过 8 年浴血奋战,敌后战场发展成为抗日战争的主战场,共产党领导的人民武装成为抗日战争的主力军,共产党成为抗日战争的中流砥柱。同时共产党纠正了城市工作的"左"倾错误,上海党组织深入发动群众、依靠群众,与群众在一起,坚持了14年的抗日救亡斗争。上海人民亲身经历与体验到共产党的路线、方针、政策的正确,对共产党从不了解到信任、愿意听共产党的话直至接受共产党的领导。中国共产党终于走出了狭隘的小圈子,成为群众性的大党。更为重要的是上海党组织在与群众一起进行抗日救亡斗争的过程中,进行爱国主义、新民主主义、共产主义、马克思主义的思想理论教育,使上海人民提高了政治觉悟,从朴素的爱国主义精神提升到具有新民主主义或共产主义的思想理论觉悟,许多进步人士纷纷参加中国共产党。这时侯的上海人民已经不是20世纪30年代初的上海人,如果说那时候上海人民凭借一股爱国热情参加抗日救亡斗运动,到这时候,上海人民已经懂得按照什么路线方针政策去进行斗争,懂得把抗日民族解放战争与新民主主义革命结合起来,懂得把抗战的胜利转变为人民的胜利,这就是上海抗日救亡斗争质的变化所在。而中国共产党上海党组织与全党一样,在14年抗日斗争中得到了很大的锻炼,并在斗争中得到发展。抗日战争胜利时,上海已有3400名党员(其中市区2800名、郊区600名),6个系统党委,33个产业与地区党委,160个基层支部,郊区有7个县级工委,这些党员与组织联系并团结大量群众,成为群众的核心。这就是上海抗日救亡斗争螺旋上升、由量变到质变的发展规律的主要标志。从全国范围来说,解放战争之所以在短短不到四年时间内即取得胜利,就是在抗日战争中打下的坚实基础;就上海来说,解放战争时期国民党统治区人民民主运动的中心在上海,同样也是在抗日战争中打下的重要基础。

(二)论文

除了著作,我还发表过多篇有关中国抗日战争史研究的专题论文,从中外关系、国共关系等多个角度,对抗战史进行专题研究。

先后撰写《抗日战争史研究中的若干问题》《国共合作与抗日战争》《中国抗日战争在第二次世界大战中的地位和作用》《应该记取的近代中日关系史篇》《第二次国共合作共同纲领试论》《新四军与抗日战争》等多篇论文,提出了一些新的观点和新的见解,清除了长期以来"左"的思想观念,得到学术界的赞同,获得不少优秀成果奖,为国内外史学界特别是研究抗日战争史专家所认同。

(1) 1937年爆发的全面抗日战争是第二次世界大战的起点或序幕,否定了1939年英法对德宣战是二战的起点观点,批判欧洲中心论。长期以来学术界的一种定论,即1939年9月德国入侵波兰、英法对德宣战,标志着第二次世界大战的爆发。中国的学者亦都持有这样的观点。随着研究的深入,国内外学者对第二次大战的起点有了新的看法。如英国史学家泰勒在其编写的《第二次世界大战的起源》中主张二战是从1931年日本侵略中国东北开始。苏联学者弗·尼·基甫洛夫的《世界通史讲义》里,则认为1931年日本侵略中国、1936年意大利侵略阿比西尼亚、1936年意大利与德国对西班牙武装干涉、1937年日本向中国扩大侵略等都是帝国主义发动二战、各国人民反抗法西斯侵略的标志。法国学者让·巴蒂斯特·迪罗塞尔著的《外交史》中提出1941年日本袭击美国珍珠港是二战的爆发。各种说法都有一定的论据,我认为根本的分歧在于世界大战是根据什么原则和标准来划分和确定的。

我提出构成世界大战的基本条件是:有国际影响的在具有战略意义的地区进行大规模的持续的战争。这个基本条件具有四个特征:①作战双方是世界大国,既包括地大物博、人口众多的大国,亦包括国家虽小,但经济、政治、军事强大的国家;②在具有战略意义地区作战,将会对世界各国产生很大的影响,而不是在一般地区作战;③双方进行的是大规模的至少几十万人马的长期持续的正规作战,而不是在一般地区、小规模警察行动,或者武装冲突的地方性事件;④具有国际影响的,对世界多数国家有着利害关系的牵动全局的战争。按照这样的条件,1939年德国入侵波兰、英法对德宣战,是具备构成世界大战的条件的。但是如果不局限于欧洲,而从全球来考察,在世界东方的亚洲,早于1937年就爆发了中日战争。中日战争同样符合构成世界大战的标准,而且在时间上要比欧洲战争早两年。因此,第二次世界大战的起点,不是1939年的德国入侵波兰、英法对德宣战,而是1937年日本全面侵略中国、中国奋起抵抗的抗日战争。从完整意义上讲,世界大战不能仅局限于少数大国在一个地区交战,而应该是多数大国在多个地区同时进行战争。所以我认为1937年的中日战争为第二次世界大战的起点,欧洲战争形成二战进一步的展开,苏德战争和太平洋战争是二战全面激战的高潮,而德、意、日的先后投降,是宣告二战的结束,这不是既符合历史事实,又合乎逻辑的结论吗?

(2)提出"国共合作抗日,既不是共产党力量所剩无几而向国民党'乞降',也不是国民党完全屈服于共产党和人民的压力",而是"两党先后认识到民族危机的严重,在以民族利益为重的基础上,双方主动或被动地、或多或少的在对内政策上作出让步并实行转变的结果"。而国共合作抗日是抗战的主流,不应相互指责对方不抗日,以致造成国际社会产生中国两大政党都不抗日的误解;亦不应该故意扩大两党之间的矛盾与斗争,应该明确指出国共之间的斗争是支流,是次要矛盾;应充分估计国共合作在抗战中的地位与作用,概言之:"国共合作才能使抗日战争得以全面开展,得以持久作战,得以最后胜利。"

(3)关于抗日战争时期中国正面战场和敌后战场的辩证关系,指出过去讲正面战场"节节败退、一溃千里",只是"消极抗战,积极反共";说敌后战场是"游而不击","借抗战之名,行发展自己势力之实"等,这是未能客观地探讨国民党战场和共产党战场的实际情况、互相关系以及两者在抗日战争中的地位与作用。反而被人当作其借口,胡说中国人不抗日,国共窝里斗;而是美国人在打日本,苏联人在打日本,这是对中华民族的羞辱。我认为国民党的正面战场和共产党的先后战场这两个战场同处于中国抗日战争的统一体内,它们是相互依存又相对独立,相互制约又相互配合;两者在战役、战斗上的直接配合虽然不多,但在战略上的配合,不管有意识或无意识的是非常明显的,缺少哪一个战场都不行。没有正面战场国民党军的坚决抵御,便无从顺利开展敌人后方的共产党领导的游击战争;而敌后游击战争开辟了第二战场,又钳制了大量敌军,配合正面战场国民党军的作战。如果中国只有一个战场,日本可以将兵力集中起来进行攻击,这将出现另一种不堪设想的局面。正是中国有两个战场,使日军不得不兵分两地,实力大减,并遭到中国两个战场的夹击,才使抗战得以长期坚持,消耗日本大量的人力、物力、财力后终于取得最后胜利。

(4)抗战中共产党领导的敌后抗日根据地是第二次世界大战中东方战场的第二战场,比之欧洲的第二战场毫不逊色,而且有其特点与优点。在开辟时间上,中国的第二战场早在1937年年底就开辟;欧洲第二战场到1944年才开辟。而且中国第二战场经过8年浴血奋战,终于成为主战场,成为主力军;而欧洲第二战场仅作为一个方面军向德国进攻,是苏联红军作为主力军向德军开展决战在主战场上打败德军,攻克柏林,把红旗插到德国法西斯老窝帝国大厦之上。西方国家现在对第二战场的开辟大肆宣传,每年集会庆祝;我们为什么不可以对中国开辟的中国战区的第二战场大力宣传,每年集会庆祝呢?

(5)关于抗战领导权问题,我认为如果从形式上、政府层面上说是国民党领导,但实际上国民党领导不了中国共产党领导的军队和抗日根据地。如果说是共产党领导,同样共产党领导不了国民政府和国民党领导的军队。我们说共产党对抗战的领导,乃是指政治上领导的观点。这是指提出抗战到底将日本帝国主义赶出中国的明确坚定的政治方向;是指提出建立抗日民族统一战线的政治路线;是指揭示抗日战争的发展规律和持久战的指导思想;是指提出抗日战争是全民族抗战的人民战争的战略战术思想;是指在抗日战争到每一阶段提出正确的策略方针;是指中国共产党人以身作则团结群众英勇对日作战等。这些观点为许多学者所认同。实际上这些观点亦是毛泽东的观点(见《毛泽东选集》第一卷第262页,人民出版社1991年版)。

（6）充分估计中国抗日战争在第二次世界大战中的历史地位与重大作用。主要论点是:中国抗日战争是世界反法西斯战争在东方的主战场;中国抗战打破了日本"北进"计划,挫败了德、日夹击苏联的阴谋;中国抗战迟滞了日本的"南进"计划,粉碎了日、德霸占全球战略;中国入缅作战,对远东盟军起了直接配合作用;中国抗战是打败日本法西斯最主要的原因,美国的原子弹和苏联出兵东北是加速了日本的投降,从而有力地批判欧洲中心论。1987年中国史学会在北京召开纪念抗日战争爆发50周年学术讨论会,会上我的发言得到学者认可,并发表于《北京社会科学》第3期。这些论点现已被广泛接受与采用。

三、新四军军史研究

因参与创建上海新四军暨华中根据地历史研究会一直至今，亦就新四军历史做了一些研究，除了参编《新四军辞典》、主编《新四军研究》之外，还发表《功垂祖国泽被长淮》《论新四军的铁军精神》《新四军东进的重大战略意义》《新四军与抗日战争》《中华民族精神高扬——论新四军与上海人民的抗日情结》《新四军在上海抗日战争中的历史地位与作用》等论文，就新四军研究当中的一些问题提出了自己的观点。

1. 关于新四军东进的战略意义

新四军东进是党中央的战略意图，即令新四军深入华中敌后，广泛开展游击战争，开辟敌后战场，建立敌后抗日根据地，坚持持久抗战，争取最后胜利。一般的论著是如此论述的。我从更高更远的视野考虑，认为应该提高到战略意义上来论述，意义会更深远。在纪念新四军东进70周年之际，我撰写了《新四军东进的重大战略意义》一文，从四个层面加以论述，即：一是东进是全军全局的战略部署；二是东进是作战形式的战略转变；三是东进是作战地区的战略转变；四是东进是指导思想的战略转变。这些创新的观点得到了学术界和新四军老战士的认同和赞赏。我的论据主要如下：

（1）东进是全军全局的战略部署。

新四军组建后最主要的问题是如何开展对日作战。当时战争态势是日军集中兵力指向徐州、武汉，进而侵占华中。而国民党则

《新四军辞典》

《新四军与上海》

错误地制定了与日军进行战略决战的计划。它急令新四军向芜(湖)宣(城)方向行动,一面牵制日军西进,一面让刚组建的人数少、武器装备差的新四军直接面对强大的日军,达到其不可告人的目的。1937年12月28日,毛泽东致电周恩来、项英,明确指出向东作战的发展方向,他说"高敬亭率部可沿皖山山脉进到蚌埠、徐州、合肥三点之间作战"。1938年2月15日毛泽东电致项英,指出:目前最有利于发展的地区还在江苏境内的茅山,即以溧阳、溧水地区为中心,向着南京、镇江、丹阳、金坛、宜兴、长兴、广德线上之敌作战,必须建立根据地,扩大新四军基地。如有两个支队,则至少一个在茅山,一个在于吴兴、广德、宣城以西策应。可见,党中央明确要新四军向东发展,到敌后作战。4月29日,项英致电中央,认为国民党的命令显然是将我们送到敌区,听其自生自灭,含借刀杀人的用意,加以 X 不能为我军据理力争,使我们在极其困难条件下进行最困难的任务。因此,我们的计划:利用短距离行军,每日的三十里行程,其余时间进行教育,同时拖延时间,侦察地形,到达泾县与南陵之间,靠小山地集中,由各支队派遣一部出去,大部求得整训,争取时间。表明项英虽对国民党有所警惕,而对进入敌后有顾虑,对中央意图有一定的距离。5月4日,毛泽东再致电项英(即第一个"五四指示")进一步强调:一是在敌后进行游击战争,敌情虽然严重,但比在敌前同友军一道并受其指挥反会好一些,方便些,放手些。敌情虽然严重,但只要有广大群众,活动地区充分,注意指挥的灵活机动,也能克服,这是河北、山东方面的游击战争已经证明了的。二是侦察部队出去若干天后,主力就可准备跟进,在广德、苏州、镇江、南京、芜湖五区之间广大地区创造根据地,发动民众的抗日斗争,组织民众武装,发展新的游击队,是完全有希望的。三是对薛岳的不怀好意,值得严重注意,但现时方针不要与他争若干的时间和防地,而在服从他的命令,开到指定地点那里以后,就有自己的自由了。尔后,不要对他事事请示与事事报告,只要报告大体上的行动经过及打捷报给他。四是请始终保持与叶同志的良好关系。可见,"五四指示"是党中央对新四军全面具体的战略部署,所以东进不是某一个支队的问题,而是新四军全军全局的战备方针。在"五四指示"后,新四军开始东进。第一、第二支队东进从4000多人发展到14000多人,建立了茅山、丹(阳)北、江句、句(容)北、小丹阳等游击根据地,其活动范围已扩展到10多个县,直接领导和影响的人口达150万人之多。第四支队东进至1939年4月,在皖中、皖东作战40多次,毙伤日军1700多人、伪军6000多人、反动武装3700余人,自身发展到10000万人。这是战略东进的初步成果。

(2) 东进是作战形式的战略转变。

作战形式是随着敌我力量对比的变化而变化,这是军事常识。中国共产党领导了南昌起义、秋收起义、广州起义失败后,面对强大的国民党军队,不得不由阵地战转变为游击战。通过游击战的形式,建立农村革命根据地,发展红军。至1930年,已经有十几块革命根据地和30万红军。这时国民党蒋介石调遣大量军队对红军和农村革命根据地进行"围剿",在"左"倾路线统治下,红军作战形式,用阵地战与运动战来打破反革命"围剿"。抗日战争初期,共产党领导部队配合国民党军在正面战场抵抗日军作战。从当时敌我力量对比看,日本有数十万训练有素、武器装备精良的常备军和200万预备兵;国民党有300万的正规军;而共产党领导的红军改编为八路军和新四军仅四五万人,武器装备很差,即使全部集中起来,也不能对日本侵略军构成实在的威胁,而自己的这一点力量将会受到很大的损失。如平型关战斗,虽然取得胜利,歼敌1000多人,但115师伤亡亦有600多人,这种战斗在当时条件下,是不可能亦不宜多打的。作战原则是首先要保存自己,然后才是消灭敌人,不是同归于尽,或者是两败俱伤。因此在强大的敌人面前必须转变作战形式,由阵地战转为游击战。共产党中央在抗日战争全面爆发后即考虑这个问题。1937年8月1日,张闻天、毛泽东即致电周恩来等,指出:关于红军作战原则,在整个战略方针下执行独立自主的分散作战的游击战争,而不是阵地战,也不是集中作战,因此不能在战役战术上受束缚,只有如此才能发挥红军的特长,给日寇以相当打击。新四军的东进,正是在作战形式进行了战略转变,执行了党中央的独立自主的分散作战的游击战争的原则,在到达苏南地区和皖中地区后分兵以发动群众,广泛开展游击战争,建立敌后抗日根据地,开辟敌后战场,有力地打击了日本侵略军,有效地配合了国民党友军在正面战场上的防御作战。

(3) 东进是作战地区的战略转变。

全面抗战爆发后,八路军和新四军先后开赴前线,配合国民党军共同防御正面战场,参加了忻口会战、太原保卫战、铜(陵)繁(昌)保卫战等。但在正面战场作战,受到国民党战区长官的种种制约,如令新四军开赴皖南狭窄地区,没有多少活动余地,一会儿令新四军进入敌后作战,以牵制敌军,一会儿又令新四军开赴长江南岸前线作战,把国民党军失守的红杨树夺回来,而布置其144师在我军的左后方,108师在我军的右后方,足见其用心之险恶。从历史看,在日本侵略军强大进攻下,国民党军节节败退,很快就从华北、华中、华南撤退到西南,试想:如果共产党军队亦跟随国民党军撤退到西南,将会是什么样的局面?前有何鸣事件,后有皖南事变之鉴,那是不堪设想的。中共中央早就考虑到关于抗战全局的问题,在太原失守之后,毛泽东在延安党的活动分子会议上指出:在华北,以国民党为主体的正规战争已经结束,以共产党为主体的游击战争进入主要地位。这就是作战地区的战略转变。八路军由此进入华北敌后,先后开辟了晋察冀、晋绥、晋冀鲁豫等抗日根据地。由此可见,华中失陷后,新四军亦应东进,深入华中,开辟华中敌后战场,实现作战地区的战略转变。事实上,新四军执行了党的作战地区的战略转变,深入华中敌后,放手发动群众,广泛开展游击战争,先后建立了苏南、苏中、苏北、淮南、淮北、鄂豫皖、皖中、浙东南等敌后抗日根据地,开辟了华中敌后战场,以配合正面战场。

(4) 东进是指导思想的战略转变。

在日本步步侵略下,中华民族危机日益严重的时刻,中国共产党首先考虑的问题是如何停止内战一致抗日的问题。全面抗战爆发后,共产党考虑的问题是如何抗战、怎样取得最后胜利的问题。毛泽东撰写的《论持久战》论著,揭示了抗日战争的发展规律,提出了抗战的战略战术,国民党政府接受了这个理论和作战指导,持久抗战展开了。可是,国民党政府实行不发动群众、不武装群众的片面抗战路线,又采取溶共、限共、灭共的反动政策,其意图是在抗战胜利后继续其一党专政的大地主大资产阶级的专政。这让共产党面临第三个问题,即党及其领导的人民武装,如何在抗日战争中发展壮大,成为抗日的主力军,并使抗战向着有利于人民的方向发展。在这个问题上党内一度曾有不同的认识,以王明为代表的右倾机会主义者,忽视了蒋介石的片面抗战路线、进行反共以达到其抗战胜利后的政治格局,过低估计了共产党领导的人民武装力量,过高估计了国民党的力量,因此,幻想依靠国民党政府及其军队进行抗战,提出了在抗日民族统一战线中要"六个统一",实际上就是一切通过国民党、一切通过蒋介石。这种右倾一度影响中共中央东南局和新四军。由于王明主持的中共中央长江局的工作,只知道在城市搞合法的群众运动,以配合国民党政府保卫大武汉,没有派遣党员到农村中去发动群众、武装群众,进行抗日斗争。当武汉失陷后,华中地区一时没有党领导的人民武装进行抗日斗争,处于一片混乱。以毛泽东为代表的党中央早于1937年8月召开中央政治局扩大会议(即洛川会议)制定了抗日救国十大纲领和独立自主的游击战争的军事方针,要求党领导人民武装深入敌后,放手发动群众,开展游击战争,使游击战争担负起配合正面战场、开辟敌后战场、建立敌后抗日根据地的战略任务。为了使党领导的人民武装由在正面战场配合国民党友军作战到深入敌后进行游击战争的战略转变,毛泽东于1937年9月12日、17日、21日、25日、29日接连发了5份电报给中共中央部分领导和八路军各将领,要彭德怀偕周恩来等向国民党解释"独立自主的山地游击战"的原则:①红军有依照情况使用兵力的自由;②红军有发动群众,创造根据地组织义勇军的自由;③南京只作战略规定,红军有执行此战略的一切自由;④坚持依傍山地与不打硬仗的原则。指出:今日红军在决战问题上不起任何决定作用,这就是真正独立自主的山地游击战(不是运动战)。他要彭德怀从远处着想,对于个别同志不妥当观点给予深刻的解释,使战略方针归于一致。他要朱德、周恩来、刘少奇、任弼时等领导同志,告诉全党,今后没有别的工作,唯一的就是游击战争(要发动党内党外)。这些电报实际上是针对国民党的片面抗战路线和王明的右倾以及党内军内对游击战争的战略意义不理解的同志。这些电报虽然是发给八路军的,对新四军同样是适用的。新四军的东进即是在整个抗战指导思想实行转变的具体体现。这是中国共产党从抗战的实际情况出发,要党领导人民武装在抗战指导思想上实行战略转变。抗日战争的历史事实证明:这一战略转变是十分及时的,亦是十分正确的,更是十分英明的。

2. 新四军在上海抗日战争中的地位与作用

关于新四军暨华中抗日根据地历史的研究,由于是上海的学者,一般研究的是上海人民如何支援新四军的论著,但我关注的是新四军暨华中抗日根据地对上海的抗战有些什么作用。于是我撰写了《新四军在上海抗日战争中的地位与作用》(载《新四军与上海(第3辑)》)。

新四军和华中敌后抗日根据地同上海人民和抗日斗争有着极为紧密的关系,它们共处于华中抗日战场的统一体内,同日本处在统一体的对立面,新四军与上海人民是相互依存、相互渗透、相互支持、相互配合,共同抗战。新四军及华中抗日根据地是上海人民抗战的后盾,上海人民对新四军进行积极的支援。

(1) 新四军的抗战为上海人民指明了正确的政治方向。

九一八事变后,由于国民党执行"攘外必先安内"的政策,对外采取不抵抗政策,偌大一片东北三省的领土就轻而易举被日军侵占。上海人民非常不满,开展了抗日救亡运动,但不断遭到国民党当局的镇压。特别是八一三淞沪抗战后,上海沦陷,华北、华中以至华南大片国土沦丧,上海的周围亦被日军侵占,上海仅存的租界地尚未沦落,故被称为"孤岛",国民党和共产党都转入地下斗争,当时孤岛的空气沉闷压抑,不少人对时局前途感到迷茫、悲观。1937年新四军军部成立,1938年4月,新四军集中整编完毕后陆续投入战斗,深入华中敌后,放手发动群众,广泛开展游击战争,建立敌后抗日根据地。新四军通过各种媒体向上海人民宣传新四军的抗日斗争的事迹;上海各界组织慰问团到皖南新四军军部进行参观访问和慰问活动,新四军领导项英向上海慰问团作了抗战形势报告。这对慰问团成员产生了很大的影响,慰问团对中国共产党领导的新四军有了深刻的认识,他们回到上海后,向上海广大人民宣传介绍他们的所见所闻。如上海煤业救护队的陈昌吉,到新四军根据地慰问后大受启发,坚决要求加入新四军,回上海时,带了大量的宣传品,在群众中广为宣传,大大地吸引了上海的爱国青年,使他们明确了参加抗日斗争的正确方向。美国记者杰克·贝尔登在访问后,返回上海在《大美晚报》连续发表了10多篇介绍新四军的报道,并整理成单行本,取名《新四军》出版发行,使上海人民了解新四军。上海人民开始知道新四军正战斗在华中地区、上海周围,新四军是共产党领导下的人民抗日武装,是一支发动群众、武装群众、依靠群众坚决抗战到底的人民军队。这使上海人民在迷茫中看到了曙光,明白了只要坚持抗日斗争的正确的政治方向,既在中国共产党领导下进行抗日救亡斗争,又有共产党领导的新四军在华中地区进行抗战,就能相互配合将抗日战争进行到底。上海人民抗日救亡斗争的方向更明确了。

(2) 新四军英勇抗战的事迹激励上海人民的抗日斗志,坚定了上海人民抗日救亡的信心。

上海报刊发表了大量新四军对敌作战的报道,如《新四军挺进江南声势浩大》《新四军挺进苏南与日军激战》《新四军在芜湖南京地区打击日军》《新四军歼灭驻延陵日军大半》《新四军克服杨中》《新四军在苏锡常地区不断袭击日军》《"江抗"在上海近郊袭击日军》《新四军控制沪宁线各村庄》《新四军不断创造光荣的战史》《粟裕将军论江南敌后游击战争》等,还出版了《新四军特辑》、"新四军小丛书"以及《战斗中的新四军》比较全面地介绍了新四军的组成和战斗情况。还刊登了共产党领导人的言论,如毛泽东的《论持久战》。这使上海广大群众进一步了解新四军担负着抗击日军的光荣历史使命,看到了新四军是民族解放战争的希望,大大激励了上海人民抗日救亡的斗志,坚定了抗日救亡斗争的信心。上海人民不但热情地支援新四军,有的还直接投奔新四军,开赴战场打敌人。如新四军第6师第18旅下属的52团与54团,上海青年占80%。52团以上海工人为主,打仗勇敢,被称为"老虎团";54团以上海学生、职员为主,文化知识较高,被称为"文化团"。整个抗战时期上海约有2.1万人参加新四军。

(3) 新四军开辟的抗日根据地实际上亦是上海人民抗日斗争的根据地。

新四军在中国共产党领导下,深入华中敌后,放手发动群众,广泛开展游击战争,在对日作战中先后开辟了苏南、苏中、苏北、淮南、淮北、鄂豫皖、浙东等8块敌后抗日根据地,这些根据地实际上亦是上海人民的抗日根据地。正是华中抗日根据地的发展,不仅带来了上海人民对抗日斗争的热情高涨和信心百倍,而且由于日伪要以更大的精力来对付新四军,客观上大大减轻上海人民进行抗日斗争的压力。如日军每次对根据地进行"扫荡""清乡"时,都要从上海的驻军中抽调兵力,这就会减少日军对上海的管控。有了华中抗日根据地,上海抗日斗争的回旋余地就大了。中共中央华中局情报机关总部在根据地,而情报战线的斗争则在上海,一旦形势严峻,有些党员和干部若暴露或遭敌人通缉,就可以撤回到根据地"老家"。特别是1941年太平洋战争爆发后,日军全面进驻上海租界,更加严厉地实行殖民统治。在这种形势下,根据党中央的指示,中共江苏省委(上海地下党的领导机构)于1942年8月开始撤到淮南根据地的安徽天长县顾家圩子,先后共200多人都有计划安全到达,在根据地里领导上海的抗日斗争,直到抗战胜利。这是新四军和华中抗日根据地对上海的极大支持,保护了一大批干部,并保证了中共江苏省委能继续领导其所管辖地区的抗日斗争。

(4)新四军各部在上海设立的点站,增强了上海抗日斗争的力量,更有力地打击了日本侵略者。

中共中央华中局在上海设立新四军上海办事处,新四军军部又在上海设立报关行;办事处在上海先后建立了许多秘密联络点,配备了许多政治交通员。新四军各师和华中各个抗日根据地都在上海设立点站,这为上海增添了很多的抗日斗争的力量。他们在与上海地下党各系统的联络方面做了大量的工作。他们的主要任务有的是传送文件、信件;护送来往于根据地与上海的干部与有关人员;采购与运输必需的物资;护送上海地下党人员到根据地工作与整风学习;护送上海文化界、知识界和有影响的人士到根据地去参观访问;建立了很多条上海与华中根据地秘密交通线。新四军中的这批政治交通员是一支高素质的战斗队伍,他们不仅在政治上坚定,忠于党和人民的事业,而且有超人的革命胆识并且机智勇敢,完成了几乎不可能完成的任务,这支特殊的队伍活跃在华中抗日根据地与上海之间,对上海的抗日斗争是极有力的支持,实际上亦构成了上海对日斗争的一个组成部分。新四军华中抗日根据地和上海人民相互配合,为抗日战争作出了无私的贡献。

(5) 新四军的情报工作主要在上海开展,这客观上成为上海抗日斗争的重要组成部分。

上海在当时是中国的文化经济中心、政治的副中心,更是一个国际大都会,华洋混居、三教九流都有,可以说是各种情报的搜集与交换的集中地。不仅中国的各种机构和系统在上海设有情报点站,而且外国的间谍机构在上海亦设有点站,苏联的间谍头目佐格尔亦在上海设有情报站,日本间谍就更多了。中国共产党情报战线上杰出人物潘汉年就长期活跃在上海,他既是八路军驻沪办事处主任,亦是中共中央华中局情报部部长,他在上海有巨大的间谍网,统称为上海情报科,有三四十人,有中共中央派来的、中共中央华中局和江苏省委调来的、原有情报系统的,还有自己发展的。他们收集了大量的高质量的情报,提供给党中央、华中局甚至国民党。新四军第6师师长谭震林派遣参谋科长王征明到上海收集上海吴淞区军事情报,王征明到上海做了深入细致的工作,发展了吴淞医院医生徐国璋为情报员,建立了吴淞—上海—扬州—淮南—新四军这一隐蔽战线上的军事情报网。陈毅军长派遣冯少白到上海,打入敌人内部,了解敌人动向,宣传共产党的政策,以便今后进一步开展对敌斗争。这些情报战线上的斗争都是在上海,从地缘政治上来说应该是属于上海抗日斗争的一个组成部分。

(6) 新四军是解放上海的主力,上海地下党、地下军起配合作用。

根据1945年8月10日指示,新四军军部令苏浙军区控制京、沪、杭交通要道,占领上海、南京、杭州三大城市。12日,新四军陈毅发布命令:任命黄克诚为江苏省省长、粟裕为南京市市长、刘长胜为上海市市长;第四纵队配合上海工人起义,接管上海。第四纵队司令廖政国、政委韦一平率部于20日抵达湖州附近集结,准备接管上海。由于国民党在美帝支持下疯狂抢夺抗战胜利果实,首先是抢夺大中城市,鉴于形势发生变化,中共中央于8月12日3次发电给华中局,指示停止进攻上海和举行上海工人起义。按照中央指示,第四纵队转而夺取中小城镇和广大农村,其所属淞沪支队在朱亚民支队长和陈伟达政委率领下,于8月16日逼近上海西火车站,攻入北新泾镇,全歼伪军近一个大队,俘敌人枪百余;接着进攻七宝镇歼敌近40人,并消灭了嘉定黄渡伪军。18日,第6中队以少胜多,在民兵的配合下,于南汇县李家桥附近全歼伪南汇保安团第一大队等部,俘获人枪500余,包括伪大队长顾桂秋。29日,淞沪支队又攻克南汇县城大团镇等敌伪据点,俘伪军500余人,枪500余支,轻重机枪9挺。从而解放了上海部分郊区,曾一度对上海形成包围之势。原本配合解放军的上海地下军在接到停止起义的命令后,即转为"清算汉奸""我们要饭吃"的合法斗争,其中一部分工人加入部队后随部队北撤,投入解放战争。

新四军与上海的关系为什么如此重要和亲密,可从下列方面进行思考。第一,地缘政治关系。新四军的抗日斗争在华中地区,上海亦正是处在华中地区,而且是华中地区甚至全国的经济文化中心,可以说是同处一块地,同饮一江水。由于处于同一地区,双方的一举一动,都会影响到对方。如周恩来与叶挺会谈组建新四军就在上海,这既是偶然的亦是必然的。同样是共产党领导八路军就没有与上海有这样的地缘政治关系。第二,政党组织关系。新四军是共产党组建的一支人民抗日武装;上海是中国共产党诞生地,并长期是党中央的驻地,九一八事变后,共产党即领导上海人民进行抗日救亡斗争。在国共合作抗日后,国共两党曾一度共同在上海对敌斗争,但国民党执行的是片面抗战路线,在上海进行地下斗争时,不依靠群众、武装群众开展抗日斗争,而是采取恫吓、绑架、暗杀、爆炸等恐怖手段,来对付日伪。由于脱离了群众的掩护,1941年汪伪敌工总部"一锅端",国民党党部、三青团、中统、军统等一百多人被捕,国民党不得不退出上海,此后即由共产党单独肩负起领导上海人民的抗日斗争。因此,上海人民的抗日斗争和新四军的对日作战,都是共产党领导的。从组织关系上看,新四军和华中抗日根据地都是由中共中央华中局领导的;而上海的地下党是由中共中央华中局下属的江苏省委领导的,归根到底都是华中局领导的,特别是江苏省委撤退到淮南根据地后,直接改为华中局城工部,上海地下党如何开展工作,甚至干部的管理、学习、调配都是由华中局与华中城工部讨论决定的。第三,抗战统一体的关系。新四军和上海人民都处于华中抗日战争统一体内,而且是处于同一方位的。他们相互依存、相互渗透、相互支持、相互配合,为了达到共同的目的,打败日本侵略者。

四、中国现代史研究

《中国历史大事年表(现代)》

我从1978年至1989年历任复旦大学和上海大学历史系主任有十年,除了担任中国现代史的教学任务外,亦对中国现代史作了相当研究。应上海辞书出版社史地组主任谈宗英的约请,我主编了《中国历史大事年表(现代)》,这是一套大型工具书,有古代本、近代本。我组织了15位学者历时三年精心编写了现代本,近150万字,应该说是最全面详尽的现代史大事年表,1997年由上海辞书出版社出版。

1982年我应邀到上海辞书出版社宣讲《关于建国以来党的若干历史问题的决议》,出版社领导即邀请我参加《辞海·现代史卷》的编写,所以《辞海》的1990年版、2000年版、2010年版、2020年版,我都参加了现代史部分的编写。这是一个长期的重大的系统工程,我是尽心尽力地加以完成。

与此同时,我参加了《大辞海》的中国近现代史卷的撰写,担任现代史分科主编。此书填补了中国辞书的一个空白,于2013年由上海辞书出版社出版。

五、近现代中外关系史研究

研究近现代中外关系,一方面同我读大学时期的专业有关系,我在复旦大学读书时,就是在政治系学习。另一方面我也有这方面的兴趣,读过一些中外关系方面的书。我的近现代中外关系史研究始于研究抗战时期的中美关系,此后的中外关系研究也主要集中在抗日战争时期的中外关系,出版了多部著作。

1.《中国近现代对外关系史》

该书是应高等教育出版社编辑部特约而撰写,与《中国古代对外关系史》相配,作为全国高等院校的文科教材。在序言中,我首先界定了中国近现代对外关系史的研究对象是近现代中国政府和中国人民与世界各国政府和各国人民在经济、政治、文化各方面交涉和交往的历史。对这历史的研究,是揭示中国近现代对外关系的本质特点和发展规律,使人们知古鉴今,从而对目前的中国政府和中国人民的对外交涉和交往,有着历史的理性的借鉴意义。这门学科的研究,既可扩大和深化对中国近现代史的认识,又可确切认清近现代中国对外交涉和交往在国际社会中的地位与作用及其经验教训。序言还阐明了中国近现代对外关系史和中国近现代史、中国近现代外交史、帝国主义侵华史之间的差异,但又指出这几门学科同属于中国近现代历史范畴,所揭示的是同一时代、同一社会的问题和规律,实际上各有侧重,是从不同的侧面来研讨其特殊规律和阐明同一中国近现代社会的最一般规律。正是存在这种特殊规律和一般规律的关系,才反映出各门学科之间的分类和联

《中国近现代对外关系史》

系、个别与一般的种种特点,才呈现出各个学科的五彩缤纷的特色和它们之间千丝万缕的内在高度联系。

按照中国通史体例,中国近现代对外关系的历史分为清王朝、中华民国、中华人民共和国各时期,从19世纪40年代到20世纪80年代,共140年。内容涵盖中外之间在政治、经济、文化、军事等方面的交往和冲突以及历届中国政府的对外政策以及重大的涉外事件。

古代中国与世界各国及其人民在长期交往中,虽然也同某些国家和民族有过战争和纠纷,但总的说来是和平友好的。当时,中国较为先进的经济文化,相继传入亚、欧、非国家和地区,对这些国家与地区的社会发展起了积极作用;同时中国也吸取了其他国家文化的有益成分,从而促进了中国社会的发展。

中国封建社会经过长达两千多年的发展,到了鸦片战争前夕,已处于衰落时期。中国最后一个清王朝,经过"康乾盛世"到了嘉庆、道光年间已经进入"衰亡危世",地主的不断盘剥,国家的苛捐杂税,使广大农民陷于极端的境地,他们常常连简单再生产都很难维持,更谈不上扩大再生产,这使社会生产陷于长期停滞的落后状态。清朝专制政权,昏庸无能,吏治腐败,军备落后废弛,既不能内治国政,又无抵御外侮之力。在对外关系上,对世界形势浑然不知,却仍以"天朝大国"自居,固步自封,闭关自守,不与外界交往,不与外国贸易。

当中国还在落后的封建社会中徘徊,欧洲却已冲破中世纪的愚昧和黑暗,朝着资本主义道路迅跑,连东亚的日本也进入明治维新仿效西方。资本主义"按照自己的面貌为自己创造出一个世界"。19世纪资本主义国家都把中国看成一块肥肉,自鸦片战争以来,它们疯狂地共同宰割又互相争夺中国,中国成为东方矛盾的焦点。中国近代的对外关系就是在这样的大环境中展开的。晚清政府先以"天朝大国"自居,采取闭关抵御政策;经过战争失败,被迫签订了不平等条约;继又采取"以夷制夷"的外交方针,妄图利用各资本主义国家之间矛盾抵制外力的侵入,可是一遇战争,又惊慌失措,腐败无能,不得不一再妥协退让,又签订一系列不平等条约;后来在八国联军的强大压力下,终于投降帝国主义,沦为半殖民地,被迫纳入世界资本主义殖民体系之内。

中华民国成立后,空有民国的躯壳,不论北洋政府还是国民政府,仍然对外投靠帝国主义,对内实行专制政治,中国仍然是个半殖民地半封建的社会。中国政府没有外交的自主权,许多中国的重大问题,都要由伦敦、巴黎、华盛顿、彼得堡、东京和柏林的统治者作出决定,更没有独立御侮、保卫国家领土主权和保护人民生命财产安全的外交政策。中国在国际关系中没有平等的地位,它们基本上是推行屈从于西方列强的卖国求荣的外交政策,真是所谓"弱国无外交",也没有真正平等的国际关系,实质上是资本主义殖民主义模式的外交。

中华人民共和国成立后,其对外关系的首要作为,是从根本上改变旧中国100多年来的屈辱的半殖民地外交,在国际上争得真正独立、平等的地位与交往。因此,其外交政策的基本原则:一是取消帝国主义国家在中国的一切特权,对旧中国政府与外国签订的条约和协定,加以审查,按其内容,分别予以承认或废除,或修改,或重订;二是凡与国民党反动派断绝关系的外国政府,可在平等互利及互相尊重领土主权的基础上建立外交关系,在同样的基础上,与各国政府和人民恢复并发展贸易;三是站在苏联为首的国际和平民主阵营和各被压迫民族方面,共同反对帝国主义侵略,以保卫世界的持久和平。

20世纪60年代后,中国的对外关系出现了一些曲折。70年代后,中国对外关系有了新的转折,中国政府实行独立自主和改革开放的外交政策,在和平共处五项原则基础上同世界一切国家与地区建立和发展外交和经济文化关系。于是,中国共产党调整了同外国政党的关系,同世界上270多个各类政党建立了不同形式的联系。1979年中美两国正式建交。1990年、1991年中国领导人先后访苏,使中苏关系进一步得到发展。

展望未来,面对新的国际形势,中国政府将继续发展对外关系,努力为我国改革开放和现代化建设争取有利的国际环境,为世界的和平与发展作出自己的贡献。

这是我对近现代对外关系史研究的一些基本学术观点。

2.《抗战时期的对外关系》

该书为第一部全面论述国共双方在抗日战争时期对外关系的学术著作,为中共北京市委宣传部为纪念卢沟桥事变70周年组织各地专家撰写的丛书之一。这部专著的特色是不仅对国民党政府在抗日战争时期对外的论述,更是将中国共产党在抗日战争时期对外方针政策进行系统研究与阐述,这是个创新的尝试,涵盖七个方面的内容:(1)全国抗日战争爆发前中国共产党的对外政策;(2)抗战初期中国共产党实行的抗日外交政策和反对民族投降主义;(3)中国共产党对英美政策的演变;(4)珍珠港事件后中共关于建立国际反法西斯统一战线的外交政策;(5)中共积极开展对美、英、苏等国的外交,击退国民党新的反共阴谋;(6)中共对中美、中英新约的评析;(7)中共反对美蒋勾结、垄断受降权的斗争。

在研究中国对外关系史上,我认为不能对欧美各国不加具体分析,一概而论。例如在抗日战争时期,德国虽然是法西斯国家但对中国并没有侵略行动,它的注意力主要集中在欧洲,在抗日战争期间德国军事顾问团一直帮助中国军队进行对日作战,直到日本对德国提出强烈抗议后,才撤出军事顾问团。而英国却是主张与德、日妥协的国家,它以牺牲欧洲小国的利益以换得德国对苏联的进攻,以牺牲中国的利益以换得日本对英国的友好。美国则在反法西斯战争的初期持孤立主义(即门罗主义)不参与任何一方的争斗,而和任何国家做生意,它可以把石油、武器等战略物资卖给德国和日本,大赚战争财;后来采取妥协外交,仍与德、日友好交往;在看到德、意、日法西斯竟要霸占全球,开始对英国和中国给予一定的经济援助;直到太平洋战争爆发,遭到日本的直接侵略,才参加了反法西斯战争,不仅在远东地区与日本作战,而且在欧洲与德、意等法西斯作战,并以大量的战略物资支援反法西斯同盟国,直到取得法西斯战争的胜利。必须实事求是地具体分析,才能接近历史的本来面貌,得出客观科学的结论。

六、开拓上海学、延安学与犹太学研究

上海学、延安学和犹太学是我在复旦大学分校和后来的上海大学工作时提出的,也是我在中共党史、抗战史、近现代中外关系史之外拓展的新的研究领域。这三个领域的研究虽然是我最先倡导的,可惜的是由于各种原因,未能很好地深入和拓展,但是仍然有一些成果研究发表。

1. 上海学

1986 年,上海大学历史系在文学院领导的支持下,举办了"上海学学术讨论暨上海学研究所成立大会",上海市市长汪道涵、上海高教委书记王一平和市委宣传部领导亲临会场,并有上海学术界著名学者专家出席。我与刘克宗、孙仪合写的论文《上海学研究的若干问题》一文,在大会上作主题报告,对上海学创立的必要性和可能性、上海学的定义、上海学研究的对象与范围、上海学研究的理论与方法以及上海学的研究框架等根本性问题作了探讨。提出上海学是综合研究上海区域的特点及其内在规律的一门学科,研究对象极为广泛,可以说是个学科群,主要可概括为十个方面:上海学总论;上海社会生产力;上海人;上海科学技术;上海城市经济;上海企业管理经验;上海社会关系;上海的地理环境、人口等诸问题;外来因素对形成上海区域的影响;上海文化。并且提出要以多种方法研究上海学,才能使研究做到全面、系统、深入。会上得到汪道涵市长的认可和支持,会后即成立上海学研究所,开展研究工作。

2. 延安学

1987年,上海延安精神研究会成立,推举我为理事。我认为继承与发扬延安精神很重要,是社会主义思想文化建设的重要内容。为了深入研究延安精神,我进行了一定的调查后,撰写了《延安学刍议》。文章论述了继承与发扬延安精神的重要性及延安精神进入更高层次的理论研究的必要性、现实性与迫切性,认为建立延安学的条件已经成熟,并提出延安学研究的九个方面:(1)对延安地区作地理的历史的考察,扩而大之是指陕西地区。西安曾是秦汉隋唐建都之地,有着中华民族优秀文化历史的深厚的社会基础和历史渊源,这与延安精神的诞生显然有着重要关系。(2)从延安地区的人口迁移变化、人口层次结构和人口素质等方面加以探讨,抗战时期延安地区人口激增,翻了一番,由原来大多数都是农民,增加了大量的革命军队、革命干部、共产党员、知识分子、青年学生、工人、商人,人口结构层次发生巨大变化,这为延安精神的产生和发展创造了极为重要的条件。(3)对产生延安精神的外部条件进行研讨。当时延安地区为抗战的后方,在防止日军侵犯和国民党军的包围封锁后,使共产党中央和红军总部有个相对稳定的外部环境,不仅领导和指挥对日作战,而且可以发展经济和文化教育事业以及党政军的建设,为延安精神的产生与发展奠定了基础。(4)对延安精神进行内部分析研究。延安地区在历史上就是陕北经济、文化、交通中心,是明末农民起义的首发地区,张献忠、李自成都起义于此,这些历史因素是不能忽视的。(5)要研究延安精神产生形成的过程。(6)要对延安精神的内涵作科学的认真的概括。(7)实事求是地评价延安精神的历史地位与作用。(8)要深入研究延安精神在当前阶段如何宣传和发展。(9)还需要将延安精神和中国的传统文化及西方的文化思想作比较研究,区别异同,去其糟粕,吸取精华,为我所用,以发展社会主义精神文明。此倡议得到一些学者的赞同和延安大学的响应。1991年,我应邀去西安交通大学和延安大学作学术交流访问,同教授们交流了延安学的研究。1992年,延安大学成立了延安学研究所,全国和各省市大都建立了延安精神研究会,纷纷发表了延安学论著,这是十分可喜的社会主义精神文明建设的硕果。我有幸成为延安学的开拓者。

3. 犹太学

1988年,我参与创建犹太学,并成立了全国第一个犹太学研究会,开始启动犹太学研究。

犹太学是一门创新的学科,并且是带有世界性的学科,在当时更是属于敏感性的问题,涉及外事禁区。对犹太学的研究首先是遇到了资料上的困难。国内研究犹太人的学者不多,没有积累许多资料,而有关犹太人的资料因为是涉外的,在图书馆、档案馆是属于保密的,况且大部分有关犹太人的档案是归公安局管理,因此搜集资料极为困难。我不得不在各种有关资料(如有关上海近现代工商界的历史、有关宗教方面的资料等)中挖掘出犹太人的零碎材料,甚至到上海图书馆的仓库中翻找。我在上海图书馆仓库中找到了一本十分珍贵的资料即Anna Ginsbourg于1940年12月在上海撰写的《Jewish Refugees in Shanghai》,并配有照片,我如获珍宝,立即夜以继日地翻译成中文,这是我撰写《上海犹太人》的重要史料依据。我还亲自到开封、哈尔滨等地寻找研究所、图书馆、公安局等有关单位帮助,并与有关研究人员进行采访与调查研究,如原开封图书馆馆长王一沙,是个有志于研究开封犹太人的学者。总算搜集到一些资料,难度极大。

为了吸引更多的学者参加研究犹太学,我撰写了《犹太学刍议》一文,对犹太学的定义、犹太学的研究范围、犹太学的分支学科、犹太学的专门术语以及犹太学研究的理论与方法等作了阐明。文章内容首先是提出问题的缘起,从四个方面阐述为什么要研究犹太学:(1)犹太人流浪达2000年之久,并屡遭大规模的驱逐和屠杀,但仍能继承生存和增长,究竟犹太人保持其持久生存和发展的奥秘何在。(2)犹太人每到一地,一般都是遵循所在国和地区的法律政策,忍辱偷生,可什么因素造成犹太人同异民族、异教徒发生尖锐的矛盾和冲突。(3)为什么处于艰难困苦、惶惶不可终日的犹太人竟会涌现出许多杰出的科学家、金融家、企业家、文学家,究竟是什么条件和素质造成的。(4)为什么犹太人能到处生存,并使其居住区的经济文化较已有地发展起来,究竟他们具有哪些与其他民族不同的特点和优点。

其次是讲犹太学应运而生的情况。是20世纪第二次世界大战后,在美国哈佛大学和哥伦比亚大学首先开设有关犹太宗教、犹太文化的课程,而后又成立了一些研究所,逐步出现了研究犹太学的热潮,开始影响到中国学者。

再次探讨犹太学框架的勾勒,认定犹太学是一个以民族命名的学科,是研究犹太民族的特性及其发展的一般规律;犹太学研究范围是广泛的,凡是全世界各国和各个地区的犹太人都是研究对象,凡是犹太民族的宗教伦理、财政经济、政治法律、文化艺术、地理历史、风俗习惯、思维方式、心理状态和生理特征等都是研究对象,这就是犹太学的各个分支学科;由于犹太人分散居住在各地区和国家,就与该地区和国家的政治、经济、文化有相融合的历史因素,因此都有其不同的特性,如居住在中欧、东欧的犹太人统称为阿什肯纳兹犹太人(Aschkenasim),居住在西欧与亚洲中东地区的犹太人统称为塞法迪姆人(Sefandim),因而亦要分别研究其不同的特性与发展的一般规律。犹太学是一门系统综合性学科,必须从犹太民族一切方面的总体上、在其相互联结上进行综合性研究,才能认清犹太民族区别于其他民族的根本特性,才能掌握犹太民族发展的基本规律,进行抽象思维,得出科学结论。由此可见,从某种角度上看,对犹太人任何一方面的研究,都可以说是属于犹太学的一部分;从另一种意义上说,对犹太民族任何一方面的研究,

《上海犹太人》

并不等同于犹太学。还对研究方法作了一些阐明。《犹太学刍议》中对犹太学的一些理论观点是首次提出的,并没有遭到非议,在学术讨论中得到引用与认同。

　　研究会组织一批学者撰写"犹太文化丛书",由顾晓鸣教授主编,先后出版10本,这是上海犹太学研究会的一大研究成果,亦可以说是中国第一批研究犹太学的著作,影响很大。这套丛书当中的《上海犹太人》由我主编。这是论述近现代上海犹太人的第一部专著,首先是对犹太人何时来上海的探索;其次分别论述先后来上海的犹太人的情况;再次论述上海犹太人在经济、文化、政治各个方面活动及其对上海的影响;最后阐述上海犹太人离开的种种原因与情况。此书获上海市哲学社会科学著作优秀成果奖。后来我发表了一批论著,如《犹太学研究发展的轨迹》等。同时上海市犹太学研究会与美国一些犹太人社团和学术团体以及以色列领事馆等进行了一系列学术活动,并得到政府部门的支持,如虹口区委与区政府。一时间掀起了一股犹太学研究热,犹太教堂腾清后修缮一新,上海犹太难民纪念馆开始筹建,霍山公园竖立起犹太人在上海避难的纪念碑,一些犹太难民居住的房屋和活动的街道进

《从开封犹太文化到上海犹太文化》

行清理整修,上海社会科学院世界史研究所成立了犹太研究中心等。

1989年我调到同济大学工作,本想继续从事犹太学的研究,曾在《同济大学学报(人文社科版)》专门开辟《犹太学研究》栏目,组织稿件;请专家来作学术报告,并且寻找有志于研究犹太学的教师,可惜同济大学是一个工科学校,没有条件继续进行犹太学的研究工作。退休之后,稍有闲暇,于是我把过去搜集的资料加以整理,编著了《从开封犹太文化到上海犹太文化》一书。这部书稿实际上是撰写犹太移民华夏的历史,从古代开封地区犹太人、近代哈尔滨地区犹太人一直到现代上海地区犹太人,在把目前所可能搜集到的资料包括有关出版物资料的基础上,加以整理编著,可以说这是第一本犹太人移民中国的全史,虽然资料不够翔实,仍待深入挖掘,但总算有了本全史,以此抛砖引玉。

综合我在犹太学研究方面的学术观点,主要是探讨了几千年来犹太人的艰难复杂的历史发展和犹太人在人类历史发展长河中的特定地位与作用;研究了犹太人的宗教观、人生观、价值观、道德观的主要内核;剖析了犹太人对文化教育的认识和重视、犹太人的经济思想和经营方式、世界各地犹太人分散性和密切性的辩证关系;总结了犹太民族与中华民族的异同、开封犹太人和中华民族的同化的基本因素;并阐述了中国人民与犹太人民之间的历史渊源和深情友谊,应该说是有一些心得的。

附录：唐培吉先生著述目录

著作及主编、参编教科书、工具书

［1］ 中共中央党史研究室编《中共党史大事年表》，人民出版社1981年版。
［2］ 中共中央文献研究室编《〈关于建国以来党的若干历史问题的决议〉注释本》，人民出版社1983年版。
［3］ 主编《中共党史事件人物录》，上海人民出版社1983年版。
［4］ 上海大学文学院历史系编《中国通史——现代史部分》，上海大学文学院，1984年。
［5］ 上海市中共党史学会编《中共党史自学考试学习提纲》，上海市中共党史学会，1984年。
［6］ 共同主编《中国抗日战争史稿》（上、下册），湖北人民出版社1984年版。
［7］《抗日战争大事集》，上海哲学社会科学联合会，1985年。
［8］ 合著《飞渡长江天险》，"童年文库"丛书，少年儿童出版社1987年版。
［9］ 合著《两次国共合作史稿》，浙江人民出版社1989年版。
［10］《中共党史教程》，高等教育出版社1989年版。
［11］ 主编《中国革命与建设史辞典》，经济日报出版社1991年版。
［12］ 主编"社会科学争鸣大系·历史学卷·党史篇"，上海人民出版社1991年版。该丛书获上海市哲学社会科学优秀成果（1986—1993年）一等奖。
［13］ 副主编《中国共产党在上海（1921—1991年）》，上海人民出版社1991年版。
［14］ 合著《上海犹太人》，上海三联书店1992年版。该书获上海市哲学社会科学（1986—1993年）著作三等奖。
［15］ 副主编"毛泽东思想研究大系·政治卷"，上海人民出版社1993年版。该丛书获上海市哲学社会科学（1986—1993年）一等奖。
［16］ 主编《中国近现代对外关系史》，高等教育出版社1994年版。
［17］ 主编《中国历史大事年表（现代）》，上海辞书出版社1997年版。

[18] 主编《抗战时期的对外关系》,燕山出版社1997年版。
[19] 《中共党史专题读本》,上海教育出版社1997年版。
[20] 《新四军辞典》,上海辞书出版社1997年版。
[21] 《20世纪:马克思主义在中国》,上海人民出版社1998年版。
[22] 专著《上海抗日战争史通论》,上海人民出版社2001年版。
[23] 主编"上海抗日战争史丛书",上海人民出版社2001年版。该丛书获上海市哲学社会科学优秀成果(2000—2001年)一等奖。
[24] 《中流砥柱——抗战时期的中国共产党》,同济大学出版社2005年版。
[25] 《史苑拓耕:唐培吉学术论文集》,上海辞书出版社2009年版。
[26] 合编《毛泽东新民主主义革命思想产生的历史研究》,江西人民出版社2011年版。
[27] 《大辞海·中国近现代史卷》(现代史分科主编),上海辞书出版社2013年版。
[28] 合著《从开封犹太文化到上海犹太文化》,上海大学出版社2019年版。

论文、文章

[1] 《不朽的功勋历史的必然》,载《江苏社联通讯》,1981年第15期。
[2] 《建国以前二十八年历史的回顾》,载中共中央党史研究室编《学习历史决议专辑》,中共中央党校出版社1982年版。获上海市高校哲学社会科学(1976—1982年)优秀论文奖。
[3] 《从晋冀鲁豫根据地的创建看毛泽东关于抗日游击战争的战略思想》,载《纪念毛泽东九十诞辰论文集》,上海市中共党史学会,1983年。
[4] 《时代的产物——上海大学》(合撰),《上海大学学报(社会科学版)》,1984年第1期。
[5] 《建设有中国特色的社会主义理论是毛泽东思想的继承与发展》,载《上海市中共党史学会年会论文集》,上海市中共党史学会,1984年。获上海市社联(1979—1985年)优秀学术成果奖。
[6] 《应把国共和谈放在当时国际背景下研讨》,载《上海革命史资料》,1986年第5期。
[7] 《简评风间秀人所著〈土地政策〉》(合撰),载《大江南北》,1986年第

[8]《抗日战争史研究中的若干问题》,载《中国革命史、现代史专题报告集》,上海大学文学院,1986年。

[9]《上海学研究的若干问题》(合撰),载《上海大学学报(社会科学版)》,1986年第Z1期。

[10]《国共合作与抗日战争》,载《社会科学》,1987年第7期。获中共党史学会研究优秀成果奖二等奖。

[11]《中国抗日战争在第二次世界大战中的地位和作用》,载《北京社会科学》,1987年第3期。

[12]《抗日战争时期的中美关系》,载《民国档案与民国史学术讨论会论文集》,档案出版社1988年版。

[13]《应该记取的近代中日关系史篇》,载《上海大学学报(社会科学版)》,1987年第4期。

[14]《合作建设 振兴中华》,载《中共党史年会论文集》,中共党史学会,1988年。

[15]《二十世纪中国民主运动光辉的一页——上海工人武农起义新议》,载《上海大学学报(社会科学版)》,1989年第1期。

[16]《延安学刍议》,载《继承和发扬延安精神》,上海延安精神研究会,1989年。

[17]《犹太学刍议》,载《同济大学学报(人文社科版)》创刊号,1992年。

[18]《中共党史研究近况》,连载于《党史信息报》(1991—1992年),共31期。

[19]《中共党史研究向纵深发展》,载《文汇报》,1991年7月8日。

[20]《建党时期值得研究的几个问题》,载《中国革命史研究资料》,1991年。

[21]《中共党史研究的十年动态》,载《党校文献情报》,1991年第4—6期。

[22]《苏联东欧局势变化大事记(1980—1991)》"前言",上海市中共党史学会,1991年。

[23]《〈中国新民主主义经济史〉评介》,载《民国档案》,1991年第3期。

[24]《中华民族觉醒的先声——评述"一·二八"淞沪抗战》,载《上海革命史资料与研究》,开明出版社1992年版。

[25]《第二次国共合作共同纲领试论》(合撰),载《民国档案》,1992年第

4期。

[26]《日本侵沪暴行种种》,载《第二届近百年中日关系史国际研讨会论文集》,1993年。

[27]《抗战时期宋庆龄的爱国主义思想与实践》,载《纪念宋庆龄文集》,上海人民出版社1993年版。

[28]《毛泽东对旧中国社会阶级结构的分析》,载《交通大学学报(社会科学版)》,1993年第2期。

[29]《延安学的核心内容——群众路线》,载《延安精神永放光芒》,华东化工学院出版社1993年版。

[30]《毛泽东生平三十年研究》"序言",山西人民出版社1993年版。

[31]《中东和平进程会不会逆转》,载《以色列动态》,1994年第6期。

[32]《王明"左"倾冒险主义在上海》"序言",上海远东出版社1994年版。

[33]《上海——犹太方舟》,载《上海党史研究》,1995年第4期。

[34]《抗日战争与上海》,载《上海党史与党建》,1995年第5期。获上海市哲学社会科学(1994—1995年)二等奖。

[35]《中国抗战对世界反法西斯战争做出伟大贡献》,载《山东日报》,1995年8月15日。

[36]《一部完整的史书——〈毛泽东年谱〉笔谈》,载《上海党史研究》,1995年第2期。

[37]《建设中国特色社会主义理论导读》"序言",西安交通大学出版社1995年版。

[38]《坚持理论与实际相结合,发扬党的优良传统》,载《灯塔颂——上海市新四军暨华中抗日根据地历史研究会祝贺中国共产党诞辰七十五周年论文专辑》,上海新四军研究会,1996年。

[39]《四十年春秋献一书——〈上海工人运动史〉书评》,载《文汇月刊》,1996年。

[40]《毛泽东思想研究史稿》"序言",华东师范大学出版社1996年版。

[41]《中国革命史》"序言",上海医科大学出版社1996年版。

[42]《高举邓小平理论伟大旗帜实现跨世纪的战略宏图——从"七大"到"十五大"》,载《上海党史研究》,1997年第6期。

[43]《努力学习邓小平建设有中国特色社会主义理论》,载《同济大学学报

（社会科学版）》，1997 年第 1 期。

[44]《新四军与抗日战争》，载《大江南北》，1997 年（学术论文专辑）。

[45]《中国近现代政治思潮研究》"序言"，上海社会科学院出版社 1998 年版。

[46]《周恩来的为民精神永存》，载《党政论坛》，1998 年第 3 期。

[47]《扭转乾坤 改换日月——纪念党的十一届三中全会召开 20 周年》，载《上海党史研究》，1998 年增刊。

[48.《党的十一届三中全会与中国历史的转折》，载《党史研究与教学》，1998 年第 6 期。

[49]《发扬淮海战役的优良的思想与作风》，载《上海新四军历史研究会论文集》，1998 年。

[50]《抗日战争与闸北》，载《红色的闸北》，中共闸北区委组织部，1999 年。

[51]《一部论述新四军的优秀史学专著——评〈新四军发展史〉》，载《党史研究与教学》，1999 年第 2 期。

[52]《犹太学研究发展的轨迹》，载《同济大学学报（社会科学版）》，1999 年第 3 期。

[53]《社会主义改造的再认识》，载《党史研究与教学》，1999 年第 6 期。

[54]《统一战线必须坚持党的领导》，载《上海统战理论研究》，1999 年第 4 期。

[55]《没有中国共产党就没有社会主义现代化建设的伟大成就——纪念中华人民共和国诞生 50 周年》，载《伟大的胜利，辉煌的成就——庆祝新中国成立 50 周年论文集》，1999 年。

[56]《一场奇特的战争：红军反"围剿"战争史实》"序言"，黄河出版社 1999 年版。

[57]《中国抗日战争的伟大意义——纪念中国抗日战争胜利 55 周年》，载《英明的决策，伟大的胜利——纪念抗美援朝胜利 50 周年、抗日战争胜利 55 周年论文集》，2001 年。

[58]《辉煌八十年——纪念中国共产党诞生 80 周年》，载《同济大学学报（社会科学版）》，2001 年第 3 期。

[59]《80 年辉煌永放光芒——回眸中国共产党的光辉历程》，载《与时俱进，继往开来》，2001 年；载《军事历史研究》，2002 年增刊。

[60]《如何迎接党的"十六大"的召开》,载《秘书》,2002年第10期。

[61]《功垂祖国泽被长淮——纪念彭雪枫诞生95周年》,载《军事历史研究》,2003年增刊。

[62]《中国共产党执政的历史经验和启示》"序言",上海教育出版社2003年版。

[63]《评〈华中抗日根据地史〉》,载《党史研究与教学》,2003年第6期。

[64]《学习党建学说　加强党的建设》,载《军事历史研究》,2003年增刊。

[65]《十一届三中全会以来中共党史研究新进展概述》,载《十一届三中全会以来中共党史研究的新进展》,中共党史出版社2004年版。

[66]《警惕日本军国主义复辟　保卫亚洲和世界持久和平》,载《纪念邓小平诞辰一百周年论文集》,2004年;另载《军事历史研究》,2005年增刊。

[67]《中国抗日战争的中流砥柱》,载《民族的觉醒　历史的转折》,新华出版社2005年版。

[68] "中国共产党与中国现代化丛书"序言,宁夏人民出版社2005年版。

[69]《历史的必然——纪念中国共产党诞生85周年》,载《上海革命史资料与研究(第6辑)》,上海古籍出版社2006年版。

[70]《踏上长征之途》,载《上海国防》,2006年第1期。

[71]《冲破四道封锁线》,载《上海国防》,2006年第2期。

[72]《四次中央会议的争斗》,载《上海国防》,2006年第3期。

[73]《机动灵活的四渡赤水》,载《上海国防》,2006年第4期。

[74]《坚持北上抗日　中央红军胜利到达陕北》,载《上海国防》,2006年第5期。

[75]《长征精神永放光芒》,载《上海国防》,2006年第6期。

[76]《论新四军的铁军精神——纪念新四军建军70周年》,载《党史研究与教学》,2007年增刊。

[77]《全面加强领导干部作风建设》,载《新四军研究》第1辑,上海辞书出版社2008年版。

[78]《井冈山道路与马克思主义中国化》,载《井冈山道路与马克思主义中国化——纪念井冈山革命根据地创建80周年学术研讨会论文集》,中共党史出版社2008年版。

[79]《继承优良传统　再创辉煌未来》"前言",军事科学出版社2008年版。

[80]《中国特色社会主义理论形成的历史必然》,载《华东七省市中共党史学会纪念改革开放30周年学术研讨会论文集》,中共党史出版社2008年版。

[80]《继续战斗的号角》,载《红色的追忆》,中国福利会出版社2008年版。

[81]《新四军东进的重大战略意义——纪念新四军东进70周年》,载《党史研究与教学》,2009年第2期。

[82]《伟大的成就　基本的经验》,载《华东七省市中共党史学会学术研讨会论文集》,中共党史出版社2009年版。

[83]《中共党史学中的几个问题》,载《中共党史学研究文集》,中共党史出版社2010年版。

[84]《时代的必然　历史的选择》,载《中共党史十讲》,东方出版中心2011年版。

[85]《加强学习型政党建设是党的根本建设》,载《以史鉴今　永葆青春》,中共党史出版社2011年版。

[86]《渡江战役几个问题的评析》,载《新四军研究(第3辑)》,上海辞书出版社2011年版。

[87]《中国特色社会主义理论是中国当代马克思主义》,载《以史鉴今　资政育人》(华东七省市中共党史学会学术研讨会论文集),东方出版中心2011年版。

[88]《中华民族精神的高扬——论新四军与上海人民的抗日情结》,载《新四军研究(第4辑)》,中共党史出版社2012年版。

[89]《中国共产党的领导地位是中国历史发展的必然》,载《新四军研究(第5辑)》,上海人民出版社2013年版。

[90]《抗日战争与上海》,载《新四军与上海》,上海人民出版社2013年版。

[90]《人民军队的创建与毛泽东的理论贡献》,载《新四军研究(第6辑)》,上海人民出版社2014年版。

[91]《一·二八淞沪抗战——中华民族觉醒的先声》,载《上海党史与党建》,2015年第4期。

[92]《铁血云间——松江抗战记忆》"序",上海辞书出版社2015年版。

[93]《略论毛泽东学习理论的态度与方法》,载《新四军研究(第8辑)》,上海人民出版社2016年版。

[94]《华中抗日根据地党的执政能力建设》"序",上海人民出版社2016年版。
[95]《新四军在上海抗日战争中的地位与作用》,载《新四军与上海(第3辑)》,上海人民出版社2017年版。
[96]《伟大的无产阶级革命家——俞秀松》,2018年录音于"上海市干部在线学习",载《俞秀松学术研讨会论文集》,华东师范大学,2019年。
[97]《社联就是我的家》,载《新民晚报》,2018年4月29日。
[98]《翻天覆地1949年》,载《上海1949》,同济大学出版社2019年版。
[99]《工运史研究的硕果——推荐〈上海工人运动史〉》,载《解放日报》,1991年2月11日;转载《史研双峰》,上海书店出版社2019年版。
[100]《中外战争史上的奇迹》,载《新四军研究(第12辑)》,上海人民出版社2020年版。

后　　记

　　为唐培吉先生整理口述,对学生而言,是莫大的荣幸。成为唐先生的学生还是在30年前,那时我即将大学毕业,准备报考研究生,但不知选哪所学校,跟随哪位导师。我大学时期的班主任李占才老师建议我报考唐培吉先生的研究生。李占才老师说唐先生是党史学界非常资深和有影响的学者,人也非常好。于是,又通过李占才老师的同学张劲老师(同济大学教授)的介绍,在1990年10月的一天,我从苏州赶来同济大学,在社会科学系的办公室第一次见到唐培吉先生。

　　那时的唐先生虽然已满头白发,但是儒雅谦和、风度翩翩。记得唐先生当时耐心地指点我如何备考,并为我列出主要的参考书目。第二年,我顺利考取同济大学社会科学系中国革命史方向的硕士研究生,有幸跟随唐培吉先生和徐筠老师攻读硕士学位。

　　我在同济大学社会科学系学习有两年多时间。那时的唐先生担任很多行政工作,十分繁忙,除了上课之外,学生们能够见到唐先生的时间不多,但是唐先生渊博的学识、踏实严谨的学风,对我们后来从事学术研究,有相当大的影响。特别是唐先生宽厚仁爱的长者之风,尤其令我印象深刻,至今难忘。学生时代的我们,年少轻狂,不知天高地厚,有时会做出令老师们不满意的事情,但是唐先生从未疾言厉色地批评过我们,他总是循循善诱,即使是批评,也总是和颜悦色。那时的我只有20多岁,不谙世事。毕业时唐先生语重心长地告诫我们:社会复杂,要洁身自好,与人为善;走上工作岗位以后,与同事相处,只谈工作,不谈其他,更不要拉帮结派,陷入无谓的人际纷争。这些教诲令我终身受益。

我离开同济大学之后不久,唐先生就从同济大学退休了。退休之后的唐先生并未像其他老年人那样游山玩水或者养花弄草,而是更加专心地从事自己钟爱的学术研究,出版了一批相当有分量的学术著作,这令我尤其感佩,产生了为唐先生做学术访谈的想法。因此,自2017年的2月至6月间,我和上海大学外国语学院的袁蓉博士一起为唐先生做了多次访谈,话题从唐先生的家世、经历直到唐先生的工作和学术研究等各个方面。本书即是在这些采访的基础上整理而成(本书上篇部分内容以《人间正道是沧桑》为题,刊载在《史林》2018年口述史增刊)。

为唐先生做访谈,使我有机会得知唐先生不同寻常的家世和丰富的人生阅历,同时亦有幸分享唐先生对社会和人生的感悟,更对唐先生的学术研究成就有了比较全面的了解。

唐先生祖籍湖州,出生在上海。父亲唐乃康先生毕业于复旦大学,是孙中山先生的追随者,年轻时受到陈其美的器重并来沪任职。南京国民政府时期担任过高官,并在上海闸北创办市北公学。虽然家世显赫,但是唐先生的童年却相当不幸,因母亲在其出生后一直因病住院,故其主要由奶妈抚养。6岁时母亲即去世。虽然出生在一个大家庭,但童年时代的唐先生如同"孤雁",并没感觉到家庭的温暖。不幸的童年却造就了唐先生坚强的性格和豁达的心胸。青少年时代的唐先生勤奋好学,在上中学时就阅读进步书刊,并且接受了进步思想。在大学就读时,参加学生运动。上海解放之初,唐先生又参加了革命工作,为浙江省衢州政府的组建者之一。后因病返沪,入复旦大学政治系就读。毕业后,唐先生进入华东政法学院工作,是华东政法学院的筹建者之一。此后,唐先生又先后在上海社会科学院历史研究所、中共华东局、复旦大学、复旦大学分校、原上海大学和同济大学工作,同时还兼任上海市党史学会会长的职务。1996年,唐先生退休。

　　唐先生在这些单位工作的时间有长有短,均全身心投入,尤其是对复旦大学分校、原上海大学历史系和同济大学社会科学系(后为文法学院)的发展作出了重要贡献。尤其难能可贵的是,在承担繁重的行政和教学工作的同时,唐先生还专注学术研究,在中共党史、抗战史、中国现代史、新四军军史等领域的研究成就斐然,出版、发表了数量十分可观的著作和论文,是这些领域的开拓者之一,研究成果受到同行和学界的广泛认可和赞誉,有多项成果获得上海市哲学社会科学优秀成果奖。此外,唐先生还首倡上海学、犹太学和延安学研究,是这些领域的开拓者。

　　能够取得这些成就,固然同唐先生的才智和勤奋有关,但是更为重要的是唐先生所具有的老一辈知识分子的坚定信仰和崇高精神境界,那就是爱党、爱国和乐于奉献社会的精神。唐先生淡泊名利,胸怀宽广;与人相处,恪守君子之交淡如水。在同行和晚辈的眼中,唐先生是令人尊敬的学识渊博的学者,也是德高望重的长者。中国古语云"仁者寿",用在唐先生身上,再合适不过了。

　　今年是唐先生诞辰90周年,仅以此书作为献给唐先生的寿礼,并祝唐先生健康长寿!

整理者:王敏　谨志
2020年5月5日